JN438980

# 중국물권법

# 중국물권법

1판 1쇄 찍은날 2007년 8월 20일
1판 1쇄 펴낸날 2007년 8월 25일

지은이 이상태
펴낸이 오 명
펴낸곳 **건국대학교 출판부**
주소 / 143－701, 서울시 광진구 화양동 1번지
전화 / 도서주문 (02) 450-3893 / FAX (02) 457-7202
편 집 실 (02) 450-3891~2
홈페이지 / http://press.konkuk.ac.kr
e-mail / press@konkuk.ac.kr
등록 / 제 4-3 호 (1971. 6. 21.)
책임편집 / 박명희
찍은곳 (주)동화인쇄공사
정 가 8,500원



**ISBN 978-89-7107-472-5 93360**



이 도서의 국립중앙도서관 출판시도서목록(CIP)은 e-CIP 홈페이지(http://www.nl.go.kr/cip.php)에서 이용하실 수 있습니다.(CIP 제어번호: CIP2007002645)

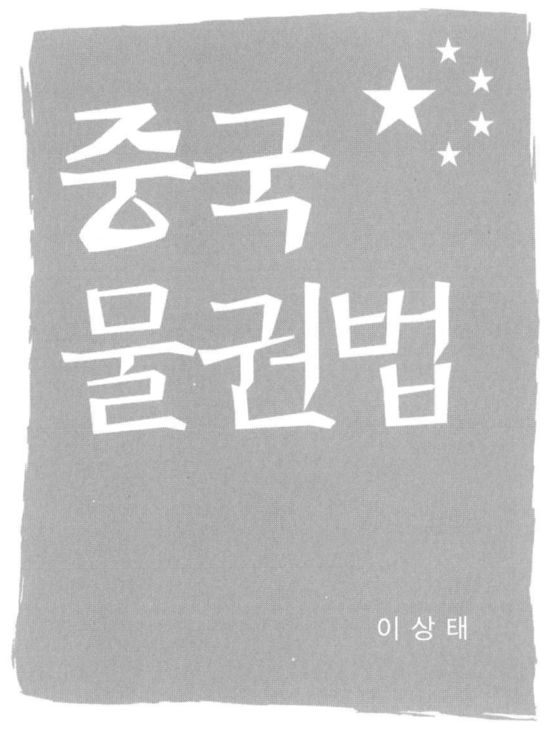


건국대학교 출판부

# 머 리 말

2007년 3월 16일 드디어 중화인민공화국 제10기 전국인민대표회의 제5차 회의에서 오랫동안의 현안이었던 물권법이 압도적 다수의 찬성으로 채택되고, 2007년 10월 1일부터 시행될 예정에 있다. 이것은 중국에서 최초로 제정된 물권법으로서 매우 의의가 클 뿐만 아니라, 세계의 주요 국가 가운데서 가장 새로운 물권법으로서도 주목을 받고 있다.

물권법은 부동산과 동산의 소유 · 점유 · 사용 · 수익 · 처분 등에 관한 법원칙을 규율하는 기본법으로서, 민법의 핵심적 부분을 이루고 있는 것이다.

중국이 물권법을 입법함에 있어서 가장 어려움에 봉착한 것은 그동안 기본적으로 취하여 온 사회주의체제와 현재의 상황에서 취하지 않을 수 없는 시장경제제도와의 조화 문제였다. 특히 토지공유제를 견지하고 국유재산을 지키면서도 사적 소유권과 조화되는 법질서를 구축하는 것은 입법 기술적으로 많은 곤란을 수반하는 것임은 물론이다. 이 법을 제정함에 있어서 이론적으로도 많은 논의가 거듭되었고, 특히 물권변동이론에 관해서도 많은 논의가 있었다. 이는 우리 물권법의 현주소를 다시 한 번 짚어보게 하는 좋은 소재가 될 수 있을 것이다. 이러한 의미에서 이번에 제정된 중국의 새로운 물권법은 비교법학적인 관점에서 보더라도 매우 흥미깊은 것이라 아니할 수 없다.

한편 중국시장에는 이미 우리나라를 포함한 많은 외국계 기업이 들어가서 왕성하게 기업활동을 행하고 있다. 그 때문에 기업용지에 대한 권리나 융자에 수반하여 설정된 담보물권의 효력 등이 새로운 물권법의 제정으로 인하여 많은 영향을 받을 것으로 예측된다.

이와 같은 중요성을 인식하여 이 책은 2007년 10월에 시행되는 중국물권법의 제정과정과 특징을 소개하면서 아울러 전 조문을 번역하여 부록의 원문과 함께 옮겨놓았다.

이 과정에서 다음의 자료들을 주로 참고하였다. 麻錦亮/葛少華/徐曉峰/徐猛, 中華人民共和國 物權法, 中國法制出版社, 2007 ; 鈴木賢/崔光日/宇田川幸則/朱曄/坂口一成, 中國物權法－

條文と解說, 成文堂, 2007 ; 松岡久和/鄭芙蓉, "中國物權法成立の經緯と意義", ジュリスト No. 1336, 有斐閣, 2007. 6. 15; 河上正二/王冷然, "中國における新しい物權法の概要と假譯, NBL(New Business Law) vol. 857, 商事法務, 2007. 5. 15. 이 자료의 입수에는 현재 일본 동경대학에서 객원연구원으로 연구 중인 박광동 박사의 도움을 얻었다. 그리고 중국물권법을 우리말로 번역하는 데 있어서는 중국에서 법과대학을 졸업한 후 현재 건국대학교 대학원 법학과 석사과정에 재학 중인 쪼쩡위(周政宇) 학생의 도움을 받았다. 이 자리를 빌려 감사의 말을 전한다.

한편 이 책의 출판을 허락해 주신 건국대학교 오명 총장님, 그리고 이 책이 출판되기까지 수고해 주신 건국대학교출판부 관계자 여러분께 심심한 감사의 마음을 표한다.

2007년 8월

이 상 태 씀

# 차 례

# 1장

# 중국물권법 해설

1. 중국물권법의 제정
2. 중국물권법의 성립과정
3. 중국물권법의 개관
4. 중국물권법의 의의

## 중국물권법의 제정

2007년 3월 16일, 난산 끝에 드디어 중화인민공화국(이하 중국이라 한다) 제10기 '전국인민대표회의'(이하 '전인대'라 한다) 제5차 회의에서 오랫동안의 현안이었던 중국물권법(이하 물권법이라 한다)이 압도적 다수의 찬성으로 채택되고, 2007년 10월 1일부터 시행될 예정이다. 이것은 중국에서 최초로 제정된 물권법으로서 매우 의의가 클 뿐만 아니라, 세계의 주요 국가 가운데서 가장 새로운 물권법으로서도 주목을 받고 있다.

사회주의체제 아래에서 시장경제활동을 지원하기 위해서는 사유재산제도를 둘러싼 물권법의 정비가 불가결하다는 것은 일찍부터 지적되어 왔던 것이지만, 이미 시행되고 있는 계약법이나 담보법(보증을 포함)에 비하여, 물권법이 국가의 기본방향이나 경제체제에 보다 더 밀접한 관련을 가지고 있기 때문에 그 제정 작업은 상당한 난항을 겪었다. 가장 큰 문제는 물권법이 옹호하는 사유재산권 · 사적 소유권이 개혁의 과정에서 생긴 불합리한 기득권익을 그대로 받아들이

거나 사람들 사이에 확대되고 있는 빈부의 격차를 고정화 · 조장하여, 공산주의라고 하는 중국의 정치적 · 사회정책적 입장을 점차 없애 가는 것이 아닌가 하는, 이른바 '단체를 위협하는 두려움'으로부터 나오는 강한 경계심이었다. 물권법이 중국의 헌법에 위반되는 입법이라는 주장도 나왔으며, 그 흔적은 완성된 법문 가운데서도 엿볼 수 있다. 특히 토지공유제를 견지하고 국유재산을 지키면서도 사적(私的) 소유권과 조화되는 법질서를 구축하는 것은 입법 기술적으로 많은 곤란을 수반하는 것임은 물론이다. 이 법을 제정함에 있어서는 이론적으로도 많은 논의가 거듭되었고, 특히 물권변동이론에 관한 논의는 우리의 물권법의 현주소를 다시 한 번 생각하게 하는 좋은 소재를 제공해 주고 있다고 하겠다. 이러한 의미에서 이번에 제정된 중국의 새로운 물권법은 비교법학적 관점에서 보더라도 매우 흥미 깊은 것이라 아니할 수 없다.

또한 주지하는 바와 같이, 중국시장에는 이미 우리나라를 포함한 많은 외국계 기업이 들어가서 왕성하게 기업활동을 행하고 있다. 그 때문에 기업용지에 대한 권리나 융자에 수반하여 설정된 담보물권의 효력 등에 대하여 새로운 물권법이 많은 영향을 줄 것으로 예측된다. 이러한 중요성을 생각하여 이 책에서는 2007년 10월에 시행되는 중국물권법의 성립과정과 특징을 살펴본 후 그 내용을 개관해 보고, 아울러 중국물권법의 조문 전부를 우리말로 번역하고자 한다.

# 중국물권법의 성립과정

## 1. 성립 배경

### (1) 민법 제정의 일환으로서 물권법의 제정

중국이 건국된 이래 민법전의 기초작업은 지금까지 세 차례 시도되었다. 1954~1956년의 제1차 시도 및 1962~1964년의 제2차 시도는 정치정세로 인하여 좌절되었다. 1978~1984년의 제3차 시도는 제4안까지 진행되었지만, 기본방침이 분야마다 개별입법을 진행하고 후에 이것들을 통합하여 민법전에 합한다는 것으로 변경되었기 때문에 공표되지 못하고 끝나버렸다.

위의 방침에 따라서 혼인법, 경제계약법, 상속법, 섭외경제계약법 등의 단행법이 제정되고, 이어 민법총칙의 제정이 예정되기도 하였었다. 그러나 방침이 1985년 다시 바뀌어, 민법총칙이 아니라, 민법 전반의 기본골격을 규정하는 민법통칙을 제정하기로 하여, 1986년 4월 민법통칙이 제정되었다. 그 후 다시 담보법, 계약법 등의 중요한 민사단행법들이 제정되어 왔다.

그러나 시장경제의 침투에 수반하여, WTO 가입 후 국내외로부터 중국 법제도의 정비가 강하게 요구되었다. 또 중요한 법률의 제정이 일단락되고 그 후 운용경험이 축적됨에 따라, 단행법들에 의하여 규율되는 제도 사이의 모순이나 기본적인 제도에 대한 불만이 다시 두드러졌다. 이에 민법전의 제4차 편찬계획이 1998년부터 본격적으로 시작되었다. 이 계획에 의하면, 현행법에 빠져 있는 물권법 · 인격권법 · 불법행위법 · 섭외민사관계의 법률적용법이라는 4개의 법률을 순차적으로 제정하고, 그 후 민법통칙을 기초로 하여 민법총칙을 만들고, 계약법을 채권법총칙과 계약으로 나누며, 혼인법과 상속법을 수정하여 친족법과 상속법을 합하고, 최종적으로 이들을 민법전으로 통합하는 것으로 되어 있다. 물권법의 입법 작업은 그와 같은 배경 아래에서 진행되었다.

### (2) 물권법 제정 전의 법 상황

중국에서는 지금까지 물권이라고 하는 개념을 정면으로 승인하는 것은 사회주의정치체제와의 긴장관계로부터 금기시되어 왔지만[1], 물권법이 제정되기 이전에도 물권에 관한 법적 규율이 전혀 없었던 것은 아니고, 각종의 법률 · 행정법규 · 행정규칙에는 물권에 관한 규정이 들어 있었다. 주요한

1) 구소련의 영향을 받은 중국 민법학은 물권 자체를 사회주의와는 무관한 법개념으로 생각하고, 그것에 갈음하여 단순히 소유권이라고 하는 용어를 통용하여 왔다. 민법통칙도 그 영향으로부터 완전히 벗어나지 못하고 있으며, 제5장 제1절에서 '재산소유권 및 재산소유권과 관련한 재산권'으로 표현하는 것에 머무르고 있다.

것으로, 법률로서는 민법통칙(1986년), 담보법(1995년), 부동산관리법(1994년), 토지관리법(1986년, 2004년 개정), 농촌토지도급법(2002년), 행정법규로서는 도시부사유건물관리조례(都市部私有建物管理條例, 1983년), 도시부국유지사용권설정 · 양도잠정조례(1998년), 토지관리실시조례(1998년), 행정규칙으로서는 토지등기규칙(1989년, 1995년 개정), 도시부부동산양도관리규정(1995년, 2001년 개정), 도시부부동산저당관리변법(1997년, 2001년 개정) 등이 있었다. 그러나 물권법의 범주에 속하는 법분야 가운데는, 물권법총칙에 관한 규정이 빠져 있으며, 물권에 관한 기본적인 원칙, 예컨대 동산과 부동산의 구별 · 물권변동 · 선의취득제도 등이 존재하지 않았다. 또한 용익물권에 대해서도 관련 규정들이 여러 법률 · 행정규정에 분산되어 있어서, 물권법 질서로서의 통일성을 갖추지 못하고 있었다.

## 2. 제정 경위

1993년 중국에서는 헌법을 개정하여 경제체제를 사회주의 시장경제로 옮겨감과 동시에, 이에 대응하는 민사법체계의 정비가 필요하게 되었다. 그리하여 1994년 제8기 전국인민대표상무위원회(全國人民代表常務委員會, 이하 '전인대상무위원회'라 한다)는 물권법의 기초 및 민법전의 편찬을 향후 5년간의 입법기획 가운데 포함시켰다.

앞에서 기술한 바와 같이, 물권에 관한 규정은 민법통칙

(1986년), 토지관리법(1986년) 등의 법률 가운데 산재하고 있었고, 아직 통일적인 규정은 존재하지 않았다. 이미 1993년에 물권법 제정에 관한 기초 활동이 시작되었다고는 하지만, 1998년의 제9기 '전인대상무위원회'가 작업의 촉진을 요구함으로써 본격화된 것이라 할 수 있다. 1998년 3월 '전인대상무위원회' 법제위원회는 민법전 연구그룹을 조직하고, 그 후 중국 사회과학원 법학연구소의 량회싱(梁慧星) 교수와 중국인민대학의 왕리맹(王利明) 교수에게 물권법 초안의 건의안을 작성해 줄 것을 의뢰하였다. 이를 받아서 1999년 10월과 2000년 12월 각각 물권법 초안의 건의안이 완성되어, '전인대상무위원회' 법제위원회에 제출되었다.[2] 2002년 1월 이 법제위원회는 이 두 개의 초안을 기초로 하여 335조의 물권법 초안(의견수렴안)을 작성하여 공표하고, 법원 · 대학 법학부 등 각 방면으로부터 의견청취에 착수하였다. 그런데 그 후 민법전 초안의 기초 작업이 재개되었기 때문에 물권법 단독으로서의 검토 작업은 일단 중단되었다.[3]

그리하여 물권법 초안(의견수렴안)의 내용을 그대로 넣은 민법전 초안이 작성되어서, 2002년 12월 민법전 초안의 일부로

2) 중국 사회과학원 법학연구소는 1999년 10월 12장 435조로 이루어진 물권법건의안을 완성하였다(梁慧星主編, 中國物權法草案建議稿－條文·說明·理由與參考立法例, 社會科學 文獻出版社, 2000)(이른바 梁案). 그리고 중국 인민대학 상사법률과학연구센터는 2000년 12월 6장 557조로 이루어진 물권법건의안을 완성하였다(王利明主編, 中國物權法草案建議稿及說明, 中國法制出版社, 2001)(이른바 王案).

3) 물권법 초안의 입법계획을 변경하여 민법전의 기초를 추진한 것은, 제9기 '전인대상무위원회' 의장인 리펑(李鵬)의 지시에 의하여, 제9기 전인대상무위원회의 회기 중에 민법전을 완성하는 것을 목표로 하였다.

서의 물권 편에 대하여 제1차 심의가 제9기 '전인대상무위원회' 제31차 회의에서 행하여졌다. 그러나 민법전의 9편 가운데 총칙 · 물권법 · 인격권법 · 불법행위법 · 섭외민사관계의 법률적용법의 5편 모두를 새로이 제정하여 민법전 전체를 완성하기까지는 상당히 오랜 기간이 소요될 것이 예상되었기 때문에, 긴급성이 가장 높은 물권법을 단행법으로 제정하는 작업에 집중하기로 결정하였다(제1차 심의).

2004년 8월 '전인대상무위원회'는 민법전 초안 제2편인 물권 편을 수정하여 268조에 이르는 물권법 초안을 다시 작성하고, 같은 해 10월 이 물권법 초안을 제10기 '전인대상무위원회' 제12차 회의에서 심의하였다(제2차 심의). 이때 물권법은 국가의 기본적인 경제시스템이나 국민의 이익과 매우 깊은 관계를 가지기 때문에 널리 국민의 의견을 구하여야 한다는 발언이 있었다. 2005년 6월 물권법 초안은 다시 심의(제3차 심의)되어 약간의 수정을 가한 초안이 작성되었고, 같은 해 7월 10일 전국에 그 전문(全文)이 공표되었으며, 그 후 40일 내에 전국에서 1만여 의견을 제출받았다.

'전인대상무위원회' 법제위원회는 제출된 의견을 참고로 하여 다시 수정을 가하여, 2005년 10월의 제10기 '전인대상무위원회' 제18차 회의에 수정안을 제출하였다(제4차 심의). 그런데 그 후 북경대학의 꽁시엔티엔(鞏獻田) 교수가 당시 검토되고 있는 물권법 초안은 사회주의 공유제를 붕괴시키는 것으로서, 헌법에 위반된다는 공개문서를 '전인대상무위원회'에 대하여 제출하여, 이른바 '위헌풍파'가 일어났다.[4] 물권법을 제정하여 조금씩 자본주의화를 가속화하는 것에 대한 보수파로부터의 저항이 표면화된 것이다. 그리하여 물권법 제정 작업은 돌연 체제선택으로 직결되는 이데올로기 논쟁으로 휩쓸리게 되었고, '전인대상무위원회'에서의 심의가 1년간 정지되었다. 그 때문에 2006년 3월 성립을 목표로 하고 있던 당초의 예정은 부득이 변경되었다.

2006년 8월 물권법에 대한 심의가 제10기 '전인대상무위원회' 제24차 회의에서 재개되었다(제5차 심의). 이때 상정된 안에는 "헌법에 근거하여 이 법을 제정한다."라고 하는 문구를 비롯하여 헌법의 사회주의적 시장경제 · 공유제 주체의 견지 등의 조항이 거듭 규정되고, 국가소유권보호를 강조하는 조항이 추가되었다. 한편 모든 시장주체의 평등성이 주창되고, 국가 · 집단 · 개인의 물권보호를 동시에 규정하였다. 이렇게 함으로써 위헌론에도 대처하면서 물권의 평등보호도 유지한다는 절충적인 방향으로의 궤도수정이 꾀하여진 것이다.

이어 같은 해 10월 제10기 '전인대상무위원회' 제24차 회의에서 제6차 심의를 거치고, 같은 해 12월 제10기 '전인대상무위원회' 제25차 회의에서 제7차 심의를 거치면서 이때 2007년 3월에 개최되는 제10기 '전인대상무위원회' 제5차 회의에 물권법 초안을 제출하여 심의받을 것을 결정하였다. 물권법 초안이 2007년 3월 제10기 '전인대상무위원회' 제5차 회의에 상정되어 다시 심의되고(제8차 심의), 드디어 3월 16일 가결되었다. 13년간에 걸쳐 8번의 심의를 거쳐, 중국물권법은 2007년 3월 16일 결국 찬성 2,799표, 반대 52표, 기권 37표로 가결된

---

4) 鞏獻田, "一部違背憲法和背离社會主義基本原則的'物權法'草案－'憲法'第12條和86年'民法通則'第73條的廢除的公開信".

것이다.

물권법 초안을 최종심의한 금번의 '전인대'에서 왕쪼어구어(王兆國) 상무위원회 부위원장이 행한 제안 설명에서는, 물권법 제정의 필요성은 "사회주의적 기본경제 시스템을 견지하는 것"에 있다고 명언하고, 올바른 정치방침의 견지, 국유재산 · 집단소유재산의 보호강화, 공유제 경제의 강화 · 발전에 초점이 있다고 하였다.[5)] 이와 같이 위헌론으로부터의 비판을 회피하기 위하여, 공유제를 주체로 하는 경제 시스템을 동요시키지 않는 것을 확약하고서 겨우 물권법을 착지시킬 수 있었다. 물권법의 제정과정에서 보건대, 무제한적인 시장경제화에는 보수파의 저항이 만만찮았던 것은 분명하며, 아직 이데올로기 논쟁에는 종결을 짓지 아니한 채로 물권법이 입법되었다고 하겠다.

---

5) 王兆國, "關於<中華人民共和國物權法(草案)>的說明", 人民日報(海外版), 2007年 3月 7日字 참조.
각 신문보도에서도 최대의 초점이 '사회주의의 기본경제 시스템을 견지하는 것'에 있다고 전하고 있다. 예컨대 "物權法14年運籌定格公私平等", 北京商報, 2007年 3月 9日字.

# 중국물권법의 개관

## 1. 전체의 구성

중국물권법은 전부 5편 19장과 부칙의 247개 조문으로 이루어진다. 즉, 제1편 총칙(38개 조문), 제2편 소유권(78개 조문), 제3편 용익물권(53개 조문), 제4편 담보물권(71개 조문), 제5편 점유(5개 조문)와 부칙(2개 조문)으로 구성되어 있다. 그리고 각 편에 일반규정이라는 명칭으로 총칙규정을 둠으로써 체계적 정리를 행하고 있다. 또한 편이 바뀌어도 장의 번호는 계속 연속되고 있다.

이러한 체제는 기본적으로는 독일식의 정통적인 판덱텐 방식을 채용한 것이지만, 이러한 방식을 채택하기까지에는 우여곡절을 겪지 않을 수 없었다. 전술한 바와 같이, 중국에서는 지금까지 1950년대(1954~1956년), 1960년대(1962~1964년), 1970년대 후반부터 1980년대(1979~1982년)의 세 차례에 걸쳐서 민법전 초안이 만들어진 적이 있지만, 모두 구소련의 민법이론에 기한 물권개념은 인정하지 않았다. 현행법인 민법통칙(1985년 제정)에서는 '재산소유권과 재산소유권에 관련한 재산권'으로 매듭 지워지고, 물권은 어디까지나 강학상의 개념에 머무르고 있었다. 이번의 물권법 제정과정에서도 한 때 물권이 아니라 재산권 개념을 채용하여야 한다고 주장하는 학설도 나타나,[6] 의론이 분분하였다. 나아가 용익물권·담보물권이라는 타물권의 규정에 대해서도 처음에는 여러 반대론이 주장되었었다.

그러므로 이와 같은 구성을 채용한 것 자체가 오랜 논쟁의 결과이고, 그 의미에서 중국물권법이 이와 같은 형식을 취하기에 이른 것은 이론적으로는 중국법이 구소련의 민법이론으로부터 탈피하고, 또한 한걸음 더 독일식의 대륙법 시스템으로 회귀한 것을 보여주는 것이라고 할 수 있다.[7]

조문 수만을 본다면, 양안(梁案)이 435조문, 왕안(王案)이 575조문, 2002년 민법 물권 편이 329조문, 2005년 공표된 물권법 초안이 268조문이었으므로, 심의가 거듭될수록 조문 수가 줄어들었다. 다시 말하면, 견해가 대립되어 조정하기가 어려운 부분을 삭제하여 가면서 작업을 진행하는 방법이 채택되었다고 하겠다. 2000년 초안에서는 전권(典權), 양도담보권 등이 삭제되고, 2005년 초안에서는 거주권이 모습을 감추었다.

---

6) 재산권설에대하여 王利明, "關於物權法的若干問題", 中國民法年刊 2004(法律出版社, 2006), 31面 이하 참조.

7) 중화인민공화국의 성립 후부터 종래의 중화민국법은 전부 폐지되고, 중국법은 소비에트법의 압도적인 영향 아래에 있어왔다. 폐지된 중화민국 민법(기본적으로는 현행 대만 민법)은 강하게 독일법의 영향을 받았었는데, 이번 제정된 중국물권법은 대략 60년 전의 원점으로 돌아간 것이다. 다만 아직 그 회귀는 완결된 것은 아니고, 또 구소련 이론의 영향을 완전히 불식한 것은 아니다.

## 2. 특 징

이번의 물권법은 전체적으로 보아 계약법과 비교한다면 역사적 과정 및 정치체제에 기인하는 중국적 특색으로 단장되었으며, 독특한 규정을 많이 포함하고 있다. 물권법에는 여러 가지의 특징이 있지만, 다음과 같은 특히 중요한 세 가지 점을 들 수 있을 것이다.

첫째, 토지공유제의 바탕 위에서 사적 지배권인 물권을 인정한 점이다. 국가소유의 신성성(神聖性)이 자취를 감추고, 국가소유권이 집단소유 · 개인소유와 나란히 규정되어서 모두 평등한 보호의 대상이 되고 있다. 사회주의를 견지하는 체제에 있어서는 토지소유권은 원칙적으로 사인(私人)에게는 인정되지 않기 때문에, 토지의 이용은 스스로 물권적인 이용권의 형태를 취할 수밖에 없다. 이러한 의미에서 용익물권이 물권법의 중심을 차지하면서 특히 중요한 의미를 갖는다. 또한 토지 자체가 담보재산이 되지 않기 때문에, 담보재산의 범위를 확대할 필요가 있었다.

둘째, 도시부(都市部)와 농촌부(農村部)를 구별하는 정책이 물권법에 반영되고 있는 점이다. 즉, 시장경제체제가 침투하는 도시부와 그와 같은 침투를 한정적으로 인정할 수밖에 없는 농촌부에서는, 기본정책상 토지이용권도 다른 취급을 받는다. 도시부의 건설용지사용권의 설정과 양도에 관한 규정들이 시장경제를 의식하면서 입법되면서 사법(私法)제도로 순화되어 가고 있음에 대하여, 농촌부의 토지도급경영권이나 택지사용권은 사법(私法) 규정의 옷은 입고 있지만 정치

경제체제의 유지나 농민의 생활보장 관점에서 공법적으로 규율하는 성질이 특히 농후하다.

셋째, 물권법이 종래의 법률·사법(司法)해석·판례에 기초를 두면서 현대의 요청에 부응하여 많은 점에서 대담하고 현실적인 개혁을 하고 있는 점이다. 그 예로서, 중국 독자의 물권을 창설한 점을 들 수 있다. 토지도급경영권·건설용지사용권·택지사용권이라고 하는 특수한 물권은 다른 나라에서 볼 수 없는 물권이지만, 중국 국내 사정에 따라서 물권의 일종으로 인정하고 있다. 그 외에도 등기제도의 정비를 염두에 두면서 효력요건주의와 선의의 제3자에 대한 대항요건주의를 혼재하고 있는 점이나 부동산등기의 공신력을 부정하는 대신에 부동산선의취득을 규정하고 있는 점, 집합동산저당권이나 권리질권의 확대 등을 들 수 있다.

## 3. 개 요

### (1) 제1편 총칙

#### (가) 개관

총칙에 관해서는 물권행위이론의 채택 여부, 물권변동법제의 본질, 행정관리 목적으로부터 독립한 부동산등기제도의 창설, 공시의 원칙과 공신의 원칙의 도입 여부가 논의되었다. 결국 이번 물권법은 공시의 원칙·공신의 원칙·거래안전을 위한 등기제도를 마련하고, 물권변동에 관하여 효력요건주의와 대항요건주의를 병치시키고 있지만, 물권행위이론의 문제는 해석에 맡기고 있다.

(나) 제1장 기본원칙

제1장은 물권법 총칙의 총칙으로서, 입법취지(제1조. 아래에서 인용되는 조문은 별다른 표시가 없는 한 중국물권법의 조문을 의미한다), 적용범위 및 물건 · 물권의 정의(제2조), 국가의 기본적인 경제제도(제3조), 물권에 대한 법률의 보호(제4조), 물권법정주의(제5조), 물권변동에 관한 공시주의(제6조), 물권의 취득 및 행사에 대한 제한(제7조. 제한의 요소에 사회도덕을 추가하고 있는 점이 흥미롭다), 일반법으로서의 물권법(제8조) 등을 규정하고 있다.

이 가운데 특이한 것은 국가의 기본적인 경제제도를 규정한 제3조가 헌법 제6조 · 제7조와 제15조를 그대로 인용하고 있는 점인데, 이는 물권법 초안의 위헌론에 대처하기 위하여 들어간 조항이다. 무엇보다도 민법통칙 제73조가 규정하고 있는 국가소유권 우위의 원칙은 규정되지 않았으며, 사적 소유권 등과 똑같은 평등보호의 원칙을 채택하고 있다. 이것과 관련하여 물권에 대한 법률의 보호를 규정하는 제4조는 당연한 것으로 생각될지도 모르겠지만, 법치주의의 철저화를 강조하는 의의가 깊은 규정이다.

물권법정주의를 채택할 것인가, 채택하더라도 예외를 인정할 것인가, 그 예외는 어디까지 인정할 것인가 등이 격심한 논의의 대상이 되었지만, 결국 명문상은 예외를 허용하지 않는 엄격한 물권법정주의를 채택하고 있다(제5조). 즉, 협의의 법률에 의하지 아니하면 물권을 창설할 수 없도록 규정하였다.

그 외에도 특히 언급할 점이 있다. 하나는, 물권법은 원칙적으로 부동산 및 동산이라는 유체물의 배타적 지배권을 대상으로 하지만, 권리를 객체로 하는 경우도 있다는 것을 명문으로 밝히고 있는 점이다(제2조 제2항). 그러나 물권법은 부동산·동산의 정의를 내리지는 않고 있다.

또 다른 하나는, 물권법의 일반법적인 성격이 제8조에 선언되어 있다는 점이다. 물권에 대한 규율은, 물권법 이외에, 예컨대 토지관리법·부동산관리법·농촌도급법 등의 특별법에 따르는 것으로 규정되어 있다.

(다) 제2장 물권의 설정·변경·양도 및 소멸

제2장은 물권변동 전반을 규정한다. 먼저 물권법은 효력요건주의와 대항요건주의를 혼재시키는 제도를 채택하고 있다. 부동산의 경우는 일반적으로 등기 없이는 부동산물권변동의 효력이 생기지 않는다(제9조). 그러나 법률행위에 의하지 않는 물권변동의 경우와 토지도급경영권의 교환·양도 및 지역권 설정의 경우는 그 예외이다. 즉, 전자의 경우에는, 물권변동의 효력은 변동원인 자체에 의하여 생기고 등기는 그 요건이 아니지만, 취득한 부동산을 처분하는 때에는 등기를 하지 않으면 처분의 효력이 생기지 않는다(제28조~제31조). 후자의 경우에는, 등기는 효력요건은 아니고 선의의 제3자에 대한 대항요건에 지나지 않는다(제129조, 제158조). 한편 동산의 경우에는 혼합주의가 채택되고 있다. 일반원칙으로서 점유의 이전이 동산물권변동의 효력요건이 되지만(제23조), 선박·항공기 등의 준부동산의 물권변동의 경우 및 동산 또는 집합동

산에 저당권을 설정하는 경우에는 등기를 선의의 제3자에 대한 대항요건으로 규정하고 있다(제24조, 제188조, 제198조).

한편 제158조는 등기를 행하지 않더라도 부동산물권변동을 일으키는 계약의 효력은 아무런 영향을 받지 않는다고 규정하고 있다. 이는 등기를 하지 않으면 채권계약조차 무효가 된다는 종래의 실무를 시정하기 위하여 입법된 것이다. 그러나 물권법이 채권행위와 물권행위의 개념을 구분하는가의 여부 및 물권행위의 독자성 · 무인성을 인정하는가의 여부는 반드시 명확하지 않다.[8)]

부동산등기제도[9)]에 관한 상세한 내용은 특별법에 의하여 규율될 예정이고, 우선 각 지방의 제도정비가 선행하여야 하지만(제246조), 물권법은 통일적인 등기제도의 정비를 내세우면서 기본적인 구상을 나타내고 있다(제10조~제22조). 등기기관의 직책범위 및 금지행위, 등기부와 부동산권리증서와의 관계, 부동산등기부의 공개가 명기되고, 경정등기 · 이의등기 · 가등기[10)] 제도가 인정되어 있으며, 과오등기의

---

8) 통설은 채권행위와 물권행위의 개념 및 물권행위의 독자성을 인정하지만, 물권행위의 무인성은 인정하지 않는다. 물권행위이론의 학설 상황에 대해서는, 小田美佐子, "中國における物權行爲論の展開", 立命館法學 292號, 2003, 1727面 이하 참조.

9) 종래 중국에서는 부동산등기를 오히려 행정적 관리수단으로 생각해 오고 있다. 부동산에 관한 각종의 법률·행정법규·행정규칙 또는 지방법규가 중첩적으로 등기제도를 규정하고 있는 외에, 토지이용권과 건물등기의 관할이 다르고, 등기의 효력·등기기관·등기절차가 통일되어 있지 않아 많은 폐해가 일어나고 있다. 물권법은 이 상황을 개선하기 위하여 통일적인 등기제도의 채택을 선언하고 있다.

10) 물권법 제20조에는 예고등기(豫告登記)라고 표현되어 있으나, 이것은 우리의 가등기에 가깝다.

경우 등기기관의 배상책임, 등기비용의 수수료 등이 규정되어 있다. 부동산등기제도를 거래의 안전을 보호하기 위한 사법(私法)상의 제도로 자리매김하려는 의도가 엿보인다. 또한 이의등기나 가등기는 독일법을 본받은 것이지만, 독일법과 다른 것은 쌍방에 제척기간이 붙어 있다는 점과 부당한 이의등기에 대한 손해배상책임이 규정되어 있다는 점이다(제19조 제2항, 제20조 제2항). 이것은 한편으로는 등기청구권의 신속한 권리행사를 촉구하는 것이지만, 다른 한편으로는 선의취득이나 이중양도의 위험으로부터 진정한 권리자 등을 보호하려고 하는 제도목적이 달성되지 않을 위험성도 내포하고 있다.

(라) 제3장 물권의 보호

제3장은 물권이 침해된 경우 그에 대한 보호방법을 규정하고 있다. 이른바 물권적 청구권에 관해서는 반환청구권·방해배제청구권·방해예방청구권을 규정하고 있는 외에, 실체법적인 확인청구권·원상회복청구권·손해배상청구권을 인정하고 있다(제35조~제38조). 그 가운데 원상회복청구권의 내용으로서 수리·재제작·교체·원상회복이라는 광범위한 선택의 폭을 인정한 점, 손해배상청구에는 적어도 명문상으로는 고의·과실의 요건을 필요로 하지 않는 점이 특징이다. 또한 물권적 청구권이 행위청구권인가 인용(忍容)청구권인가와 같은 권리의 내용이나 비용부담의 문제에 대해서는 규정이 없고 해석에 맡겨져 있다.

### (2) 제2편 소유권

#### (가) 개관

소유권 편에 관해서는, 국가소유권 · 집단소유권 · 개인소유권이라는 전통적인 소유권 분류법을 유지하여야 하는가의 여부, 국가소유권을 특별히 보호하여야 하는가의 여부가 중점적으로 논의되었지만, 물권법은 국가소유권 · 집단소유권 · 사인(私人)소유권의 분류법을 그대로 계승하는 한편, 세 가지 모두에게 통일적인 평등보호를 부여하는 원칙을 도입하였다(제4조).

#### (나) 제4장 일반규정

소유권의 일반규정에는, 소유권의 내용, 국가에 의한 수용과 징용(제42조, 제44조), 국가만이 소유할 수 있는 물건(제41조), 농지에 대한 특별보호(제43조) 등 소유권에 관한 기본적인 규정을 두고 있다.

#### (다) 제5장 국가소유권 · 집단소유권 · 사인소유권

제5장은 각 소유권의 권리주체, 권리객체, 행사방법에 대하여 규정하고 있다. 국가소유권이 13개 조문으로 가장 상세하고, 사인(私人)소유권은 3개 조문에 지나지 않는다. 그 사이에 집단소유권에 관한 6개 조문이 있다.

그 외에도 이상의 세 가지 소유권범주에 속하지 아니하는 기업에의 출자에 대한 권리관계, 법인의 소유권, 사회단체의 소유권이 이 장의 마지막에 규정되고 있다(제67조~제69조).

국가소유권 · 집단소유권 · 사인(私人)소유권 사이의 차이점은 거의 전적으로 소유권의 대상이 될 수 있는 재산의 종류에 있다. 특히 도시부의 토지는 국가에게 귀속되고, 농촌부의 소유권은 농민집단의 소유에 속한다. 따라서 토지소유권에는 사인소유권이 성립할 여지가 없다

국가소유권의 권리주체는 국민 전체이며, 국무원이 국가를 대표하여 소유권을 행사한다. 국가소유권의 대상에 대해서는, 7개의 조문을 두고서 상세히 열거하고 있다(제46조~제52조). 먼저 무제한적으로 국가소유에 속하는 것으로는, 광물(鑛物) · 하천 · 해역(海域) · 도시의 토지 · 무선전파수대역자원(無線周波數帶域資源) · 국방용 자원 등을 들고 있다. 다음으로, 다른 법률의 규정에 의하여 국가에 귀속하는 것으로서는 농촌의 토지 및 도시교외의 토지, 야생동식물, 문화재, 철도 · 자동차도로 · 전력설비 · 전신설비 · 석유 및 가스수송관 등의 기초설비, 집단소유 이외의 산림 · 산간지대 등을 열거하고 있다. 국가기관 또는 국가가 설립한 사업체가 있는 경우에는, 그것이 국가를 대표하여 자신이 점유하는 재산의 소유권을 행사할 수 있다(제53조, 제54조). 국유재산관리자는 국유재산의 유실을 방지할 의무와 책임을 진다(제57조).

집단소유권의 권리주체는 구성원 전체[11])이고, 집단소유권에 관한 중대한 사항은 구성원 전체에 의하여 결정되어야

11) 집단의 구성원을 어떻게 확정하는가에 관해서는 물권법 어디에도 규정이 없다. 농촌을 떠난 농민의 권리, 이혼한 경우의 취급, 개개농민의 지분의 양도가능성 등에 관하여 불명확한 점이 많다. 이와 같이 농민의 집단소유권은, 권리의 실질이나 애매한 주체의 범위로부터 보아, 도저히 소유권이라 말하기는 어렵다.

한다. 그 이외의 경우에는 각 집단경제조직 등이 집단을 대표하여 소유권을 행사한다(제59조, 제60조). 대표자에게는 재산상황의 공시의무가 있다(제62조). 도시부 집단소유권도 집단소유권의 한 형태이며 구체적으로 집단기획 또는 집단사업체의 소유권을 가리키지만, 각 집단의 자금(資金)의 구성이나 역사적 배경이 다르기 때문에,[12] 물권법은 도시부 집단소유권이 구성원 전원에 속한다고 일률적으로 규정하지 않고 집단이 그 소유권을 행사하는 것만으로 규정하고 있다(제61조). 집단소유권의 대상은 법률의 규정에 의하여 집단에 속하는 토지 · 산림 · 산간지대 등, 집단이 가지고 있는 건물 · 생산설비 · 경작지의 관개와 배수설비, 집단이 가지고 있는 교육 · 과학 · 문화 · 위생 · 체육의 설비 및 기타의 부동산과 동산을 포함한다(제58조).

그런데 집단소유권이라 하여도 국가로부터 수용되는 경우를 제외하고는 다른 곳에 처분하는 것을 상정하고 있지 않다(제59조 제2항). 이 권리는 이른바 '처분권 없는 소유권'이라 할 수 있다. 기껏해야 국가에 의하여 수용되는 때에 보상금 · 이전보조금 등을 받을 수 있는 권리로서 소유권이 실질화된 것에 불과한 것이다(제42조 제2항).

최근 농지를 개발하여 택지나 공업용지 등으로 전용하는

12) 도시부 집단소유권의 발생원인은 두 가지 종류이다. 하나는, 집단합작조직들이 집단기업으로 전화(轉化)한 것으로서, 1950년대에 성립한 수공업생산합작사 및 합작상점이 도시구·현·국의 주관부서의 관할로 들어가서 집단기업으로 조직이 바뀐 것이다. 또 하나는, 부인이나 퇴직자 등에 의한 자발적인 조직으로서, 예컨대 집단의 공장·상점·식당·탁아소 등과 같은 시설을 말한다.

대규모사업이 여러 곳에서 경쟁적으로 진행되고 있는데, 법적으로는 먼저 일단 국가가 집단소유의 토지를 수용(즉, 국유화)한 후, 그것에 기한부의 건설용지사용권을 설정하고서 국가가 개발업자 등에게 매각한다(제1차 시장으로의 방출). 다시 개발업자는 도로 등의 인프라를 정비・구획정리하여 건물 등을 건설하려고 하는 자에게 분양한다(제2차 시장으로의 방출). 집단소유지에는 용익물권으로 농업용의 토지도급경영권(제124조 제2항)이나 농민의 거주용 가옥을 위한 택지사용권(제154조)밖에 설정할 수 없으며, 큰 이익을 발생하게 하는 건설용지사용권을 설정하는 것은 인정되지 않는다(제135조). 제1차 시장에 토지를 방출하는 때 생기는 막대한 이익은 국가에 귀속한다. 수용보상금의 충분한 지급, 토지를 잃은 농민의 생활보장 등이 물권법에는 명기되어 있지만(제42조 제2항), 토지매각이익을 어떻게 배분하는가에 대해서는 명확한 기준이 있는 것은 아니다.

사인소유권의 객체는 합법적인 수입, 건물, 자연인의 생활이나 생산활동과 관계되는 생활용품・생산용구・원료 등 부동산・동산이라고 명기하고 있으며(제64조), 그 외에 경제적 활동의 결과인 '합법적인 저축, 투자 및 그 수익'이 법률의 보호를 받는다고 규정하는 정도이다(제65조).

그런데 물건에 대한 개인의 소유권은 이미 민법통칙에 의해서 보장되어 왔으며, 사적 소유가 국민경제에 있어서 차지하는 위치는 여러 번의 헌법개정에 의하여 점차 상승되어, 사회주의 시장경제의 중요한 구성부분으로 되기에 이르렀다(1999년 헌법개정). 다만 민법통칙에서는 개인소유권이라는 용어를 사용하고 있었지만, 이번의 물권법에서는 사인(私人)소유권이라는 새로운 용어를 사용하고 있다. '사인'에 대해서는 2005년 물권법 초안의 부칙에 다음과 같은 정의규정이 있었다. 즉, "사인은 시민 · 개인공업세대 · 농촌도급경영세대 · 외국인 · 무국적자 등을 포함하며, 또한 개인단독출자기업 · 외자기업 등도 포함한다."(2005년 초안 제266조 제1호). 그러나 이번 물권법에서는 이러한 조문이 삭제되어 버렸기 때문에, '사인'이 어떠한 주체를 포함하는가가 분명하지 않다. 특히 문제가 되는 것은 초안의 정의규정에도 포함되어 있지 않았던 주식회사나 국유기업 등의 법인이다. 기업법인에 대해서는 물권법 제68조에서 그 부동산 · 동산에 대하여 법률 · 행정법규 · 정관에 따라 점유 · 사용 · 수익 · 처분하는 권리를 가진다고 규정하지만, 이것은 회사법에서 말하는 법인재산권에 해당되는 것으로 해석된다(회사법 제3조 제1항). 문제는 이 법인재산권과 소유권과의 관계인데, 물권법의 규정내용으로 보아 실질은 소유권과 다름이 없다. 그러나 국가의 출자에 의하여 설립된 회사가 그 재산에 대하여 가지는 권리를 소유권이라고 단언하는 것은 공유제 주체의 원칙을 취하고 있는 것과의 사이에서 어떠한 의미를 가는가는 아직 분명하지 않다는 느낌이 든다. 법인이 성립한 후에도 출자자에게 소유권이 있다고 하는 법적 구성은 완전히 과거의 것으로 되었다고는 잘라 말할 수 없다. 이와 같이 '사인'에 함축된 의미는 명확하지 않은 점이 있다.

사인소유의 대상이 되는 재산에 생산용구가 포함된다는 명문규정을 두고 있다. 종래에도 생산용구를 개인이 소유하는 것은 사실상 제한되지 않았으므로, 이번의 물권법에 의하여 새로이 소유의 범위가 넓어진 것은 아니다. 그러나 이번 물권법이 생산용구가 사인소유의 대상인 점을 분명히 밝히고 있는 점에서, 전통적인 사회주의민법이 사용하여 왔던, 생산수단에 대한 소유를 배제하는 개인소유권의 개념과는 질적으로 다른 개념이 된 것은 분명하다. 또한 '사인'이 국가나 집단과도 평등한 소유의 주체인 점을 명기한 것(제3조 제3항)도 특기할 만하다.

(라) 제6장 구분소유권

도시부를 중심으로 한 분양형 집합주택이 많은 것을 반영하여, 건물구분소유에 관한 규정이 물권법 중에 독립한 장으로 입법되고 있다. 그러나 단지에 관한 규정은 존재하지 않는다. 먼저, 구분소유자는 전원이 건물의 관리를 목적으로 하는 구분소유자총회를 구성하고, 구분소유자총회의 집행기관인 구분소유자위원회를 선출할 수 있다(제75조). 다만 이들은 법인격을 가지지 않는 것으로 보인다.

구분소유자총회 및 위원회의 결정은 각 구분소유자에 대하여 구속력을 가지며, 그 결정에 의하여 구분소유자가 손해를 입은 경우에는 인민법원에 그 결정의 취소를 청구할 수 있다(제78조).

도로 · 녹지 · 공공의 장소 · 공용의 시설은 건축물의 부속시설로서 원칙적으로 구분소유자가 공유한다(제73조). 주차장의 귀속문제에 대해서는, 원칙적으로 당사자의 약정에 따라서 양도 · 증여 · 임대 등의 방법으로 결정한다. 그런데 구분소유자 이외의 자에게 주차장이 양도 · 증여 · 임대되는 것을 방지하기 위하여, 건축구획 내의 주차장의 이용을 구분소유자에게 우선시키고 있다(제74조 제1항). 또한 공유의 도로 혹은 다른 장소를 점용하여 자동차의 주차에 사용되는 구획은 구분소유자의 공유가 된다고 규정하고 있다(제74조 제3항).

전유부분에 대한 구분소유자의 이용에 대해서도 제한을 두고 있다. 예컨대 구분소유자는 주거를 점포로 변경하는 경우, 법률・법규 및 관리규약을 준수할 의무를 부담하는 외에, 이해관계를 가지는 다른 구분소유자의 동의를 얻어야 한다(제77조).

대수선・개축・재건축은 건축물의 총 면적 및 총 인원수의 각 3분의 2 이상의 특별다수가 필요하지만, 그 이상의 상세한 규정은 없다(제76조 제2항).

구분소유건물의 관리에 대해서는, 전문업자에의 위탁을 염두에 두고서 현실적인 규정을 두고 있다(제81조, 제82조). 구분소유자의 금지위반의 행위가 있는 경우에는, 피해자는 구분소유자총회 등의 보통의결에 의하지 않더라도, 인민법원에 소를 제기할 수 있다(제83조 제2항 제2문).

### (마) 제7장 상린관계

제7장은 상린관계를 처리할 때의 원칙과 각 개별적인 경우에 관한 규정을 두고 있다. 전체로서 간결한 한편, 통풍・채광・일조에 대한 배려나 유해물질방출금지 등의 현대적 문제도 규율하고 있다(제89조, 제90조). 또한 부동산의 권리자가 배수, 도관의 부설, 전선의 배선 등을 위하여 이웃 부동산을 이용하다가 이웃 부동산의 권리자에게 손해를 입힌 경우에는 그에 대한 조정을 해주도록 규정하고 있다(제92조). 그런데

이 규정이 대만 민법 제779조 · 제786조~제788조 등을 모범으로 한 것에 미루어 본다면,[13] 가해자의 고의 · 과실을 요하지 않는 것으로 해석되기 때문에, 그렇다면 여기서의 조정은 배상이 아니라 보상으로 해석된다.

(바) 제8장 공유

제8장은 공동소유의 형태로서, 우리 법의 공유에 해당하는 '지분공유'와 함께 합유에 해당하는 '공동공유'를 규정하고 있다(제94조, 제95조). 두 가지의 형태 중 어느 것인지 불명한 경우에는 가족관계가 존재하지 않는 한, '지분공유'로 추정한다(제103조).

먼저 '지분공유'에 대해서 살펴본다. 공유물의 처분은 3분의 2 이상의 지분을 가지는 공유자의 동의가 필요하며(제97조), 공유물분할은 불분할약정이 있는 경우를 제외하고는 공유자에게 중대한 사유가 있고 분할의 필요가 있는 때에는 언제라도 분할을 청구할 수 있다(제99조). 공유물분할의 방법으로는 현물분할이 원칙이지만 전면적 가액배상이나 임의매각도 인정되며(제100조), 공유자 1인이 지분을 양도한 경우 다른 공유자에게 우선매입권이 인정된다(제101조). 공유물로부터 생긴 채권채무는 원칙적으로 대외관계에 있어서는 공유자의 연대채권채무로 되고, 내부관계에 있어서는 각자의 지분에 따라서 채권채무를 부담한다(제102조).

'공동공유'는 부부공유재산 · 공동상속재산에 대하여 종

13) 胡康生主編 · 全人代常務委員會法制工作委員會編, 中華人民共和國物權法釋義(法律出版社, 2007), 212面.

래 인정되어 오던 공유의 한 형태이다. 구성원의 인적 결합의 특수성에 비추어, '공동공유'에는 '지분공유'와 다른 다음과 같은 특징이 있다. 즉, 공동공유물의 처분은 공유자 전원의 동의가 있어야 한다(제97조). 분할은 공유의 기초가 없어진 때 또는 중대한 이유가 있는 때에만 인정된다(제99조). 공동공유자는 대외관계에 있어서도, 대내관계에 있어서도 연대하여 채권채무를 부담한다(제102조).

#### (사) 제9장 소유권취득에 관한 특별규정

제9장은 소유권의 원시취득에 관한 여러 종류의 규정을 두고 있다. 그 중에서 특히 주목되는 선의취득(제106조)은 부동산에도 적용되고, 다른 물권의 취득에도 준용되는 적용범위가 넓은 제도이다. 부동산선의취득은 부동산등기의 공신력을 채택하지 아니한 것과 함께 고찰할 필요가 있다. 즉, 부동산등기의 공신력에 관한 규정은 초안에는 들어 있었지만, 최종적으로 삭제되었다. 등기가 효력요건인 경우와 선의의 제3자에 대한 대항요건인 경우가 혼재하고 있는 점, 등기제도의 정비나 등기관행의 정착까지는 시간이 걸리는 점으로부터, 현 단계에서 부동산등기의 공신력을 인정하는 것은 시기상조라고 판단한 것으로 보인다. 이와 같이 등기에 대한 신뢰의 보호가 문제되기도 하지만, 등기 이외의 권리표상에 대한 신뢰의 보호도 요청된다. 부동산선의취득은 종래부터 공동소유부동산에 한하여 인정되어 온 것인데, 부동산등기의 공신력을 채택하지 아니하는 것에 대한 대체적인 방책으로서 선의취득을 일반화하여 규정한 것이다. 이렇게 함으로써 부

동산공신력제도보다 더욱 유연하고 적절하게 부동산거래의 안전을 도모할 수 있다는 기대를 한 것으로 보인다.

선의취득의 요건은 다음과 같다. 즉, 처분권한이 없는 자로부터 부동산 또는 동산을 양수한 때, ① 양수인이 선의일 것, ② 합리적인 가격으로 양도되었을 것, ③ 양도되는 부동산 또는 동산에 대하여, 법률의 규정에 의하여 등기를 필요로 하는 것은 등기를, 등기를 필요로 하지 않는 것은 인도를 받았을 것이라는 세 가지 요건을 충족하면 선의취득이 성립한다. 반사적으로 원소유자는 소유권을 상실하는 결과가 되지만, 처분권한이 없는 자에 대하여 손해배상을 청구할 수 있는 권리를 가진다(제106조).

여기서 선의취득의 요건으로서 초안단계까지 존재하고 있던 무과실이 이번 물권법에서는 어떤 이유에서인지 삭제되었다. 선의만으로 족하다고 한다면, 거래상 필요한 주의를 하지 않았다고 하는 상당히 의문이 있는 신뢰까지 보호하게 되는 것이므로, 거래안전에 지나치게 기울어진 경향이 있다. 또한 동산선의취득의 경우 양수인이 선의·무과실인 때에는 당해 동산 위에 존재하고 있던 원(原)권리가 소멸한다고 규정하고 있는 것(제108조)과의 균형성도 문제가 되기 때문에, 해석에 의하여 선의의 요건 중에 무과실을 포함시킬 필요가 있다고 하겠다. 그리고 영미법의 선의유상취득자의 법리[14]

14) 선의유상취득자(善意有償取得者)의 법리는 "Doctrine of bona fide purchaser for value"를 번역한 것이다. 이 법리는 형평법상의 권리를 가진 수익자는 보통법(커먼로)상의 권리를 가진 선의유상취득자에 대하여 대항할 수 없다는 원리를 말한다. 이에 의하면, 예컨대 수탁자가 신탁의무에 위반하여 신탁재산을 제3자에게 상당한 가격을 받고

와 유사하게, 합리적인 가격에 의한 양도도 선의취득의 요건이 되고 있는 것은 특이한 점이다.

그 밖에 특이한 점으로는, ① 도품의 선의취득이 규정되어 있지 않다. 실무에서는 도품은 주로 사법기관에 의하여 형법·형사소송법·치안관리처벌법 등의 규정에 따라서 반환되기 때문에, 선의 제3자의 보호규정은 그러한 법률들에서 정하면 충분하다고 한다. ② 유실물에 관해서는 특별법을 별도로 두지 않는 관계로, 물권법이 구체적 절차에 관한 규정을 상당히 상세하게 규정하고 있다(제109조~제112조). ③ 민법통칙에 '물건'에 관한 규정을 두고 있지 않는 관계로, 물권법 제9장에 주물·종물이나 과실(果實)에 관한 규정을 두고 있다.

### (3) 제3편 용익물권

#### (가) 개관

용익물권에 관한 쟁점에는 지상권·지역권의 개념 및 토지사용권·토지도급경영권의 개념의 채택문제와, 전권(典權)의 존폐문제가 있었다. 물권법은 지상권[15]의 개념을 채택하지

---

유상으로 양도한 경우, 그 양도가 신탁의무에 위반된다는 사실을 제3자가 몰랐다면즉, 선의였다면), 제3자는 그 재산에 대하여 보통법상의 권리를 취득하고, 그것을 형평법상의 권리자인 수익자에 대하여 대항할 수 있게 된다.

15) 지상권 개념은 지금까지 법률상도 실무상도 사용되지 않고 있으며 일반인이 이해하기 어렵다는 이유로 채택되지 않았다. 현행법의 토지사용권의 개념도 법률개념이 아니라 경제상의 토지사용에 관한 권리라고 하는 법적 외관을 부가한 것에 지나지 않으며, 그 내용과 종류 등이 불명확하다는 비판이 있어 채택되지 않았다.

않고, 건설용지사용권과 택지사용권의 개념을 현행법의 토지사용권에 대체시켰다. 그리고 결국 전권은 인정하지 않았다.[16)]

(나) 제10장 일반규정

제10장은 공통으로 적용되는 용익물권 총칙 및 제11장 이하의 각 장에서 규정되고 있지 않는 기타의 용익물권의 유형에 관하여 규정하고 있다. 그 특징은 두 가지다. 하나는, 용익물권은 부동산에 한하지 않고, 동산에도 설정이 가능하다(제117조). 동산에 용익물권이 설정될 수 있다는 것은 제4심의안부터 추가되었다. 용익물권의 각칙 및 용익물권에 관한 특별법은 모두 부동산상의 용익물권을 내용으로 하고 있기 때문에, 물권법정주의(제5조)의 원칙상 동산용익물권의 구체화는 특별법을 기대할 수밖에 없다. 또 하나는, 어업권 · 채굴권 등이 물권적 이용권으로서 물권법에 규정되었고, 그 상세한 것은 특별법에서 정한다고 규정되어 있다(제123조).

(다) 제11장 토지도급경영권

토지도급경영권은 농업경영을 목적으로 도급경영계약을 매개로 하여 국가소유 또는 집단소유의 토지를 사용 · 수익하

---

16) 전권이라 함은 부동산질권에 유사한 담보적 요소를 가진 타인의 부동산에 대한 사용·수익권이다. 물권법 제1심의안에서는 전권에 관하여 독립한 장이 있었지만, 2004년 8월의 초안에서 삭제되었다. 2004년 10월의 제2심의안에서 부활되었다가, 2005년 7월의 제3심의안에서 다시 삭제되는 등 동요가 매우 많았다. 최종적으로 삭제된 이유는 이 제도가 현재 이미 소멸하고 있어서 다시 규정할 필요가 없다는 것이었다. 全人大常務委員會法制工作委員會民法室編, "全人大法律委員會關于中華人民共和國物權法 (草案) 修改情況的匯報", 物權法立法背景與觀點全集(法律出版社, 2007), 27面.

는 용익물권이다(제125조, 제134조). 도급경영권 자체는 이번 물권법이 새로 도입한 권리는 아니지만, 이 권리가 이론적으로 어떠한 성질을 가지는 것인가에 대해서는 규정이 없었다. 종래 이 권리가 채권적 권리인가 물권적 권리인가를 둘러싸고 여러 해 동안에 걸쳐서 논쟁이 계속되었었지만, 2002년에 제정된 농촌토지도급법을 거쳐서, 이 권리가 용익물권이라는 취지가 이번 물권법에 의하여 명확히 규정된 것이다. 토지도급경영권에는 존속기간이 정해져 있지만, 그 기간이 만료되더라도 국가의 관련 규정에 따라 계속 연장할 수 있다(제126조). 사실상 농업용지의 영구적인 사용을 인정하고 있다고 하여도 과언이 아니다.

토지도급경영권의 귀속이나 이전도 등기제도에 의하여 공시되지만(제127조 제2항, 제129조 제1문), 농촌에 있어서의 등기제도의 미정비 · 등기관행의 미정착 · 현실의 경작 등의 이용에 의한 공시의 대체 등을 고려하여, 효력요건주의가 아닌 제3자에 선의요건을 추가한 대항요건주의를 채택하고 있다(제127조 제1항, 제129조 제2문).

토지도급경영권의 유통에 관해서 이번 물권법은 대상에 따라 다른 입장을 채택하고 있다. 즉, 일반토지의 도급경영권에 대해서는, 농민의 생활보장의 면을 중시하여, 전용(轉用)을 제한하면서 다만 하도급 · 임대 · 교환 · 양도에 의한 제한적 유통밖에 인정하지 않고 있다.[17] 또한 허가를 받지 않고서

---

17) 하도급 · 임대와 양도에는 요건이 다르다. 농촌토지도급법(제39조~제41조)에 의하면, 제3자인 하수급인과 임차인은 반드시 동일한 집단경제조직의 구성원일 필요는 없고, 구성원은 우선권을 가지는 것에 그친다. 또한 발주자에 대한 신고가 필요하지만, 그의 허가 또는 동의

도급토지를 농업 이외의 용도로 전용하지 못한다(제128조). 농촌토지도급법 제33조에 의하면, 양수인은 영농능력을 가지고 있을 것이 요구되며, 당해 집단경제조직의 구성원에 대한 양도를 우선시키고 있다. 그러나 황무지의 도급경영권은 생활보장에 대한 배려가 필요 없기 때문에 양도・현물출자・저당권설정을 포함한 전반적인 유통이 인정되고 있다(제133조).

나아가, 정치적 관리지배로 인하여 문제가 되고 있었던 발주자에 의한 자의적 운용에 대한 반성으로부터, 물권법은 도급토지의 조정・회수에 법치주의를 관철시키고(제130조, 제131조), 도급토지가 수용된 경우에 상당한 보상을 받을 권리를 규정하여(제132조), 권리보호 특히 농민의 생활보호를 강화하고 있다.

### (라) 제12장 건설용지사용권

건설용지사용권은 도시부 토지에 대한 사용수익권으로서 우리 법상의 지상권에 해당하는 것이지만(제135조), 국가소유의 토지를 전제로 하고 있기 때문에, 그 설정은 단순한 민사계약에 의하는 것은 아니라 불하 또는 무상배당의 방식에 의한다(제137조). 시장경제체제를 반영하기 위하여, 유상불하를 원칙으로 하고, 무상배당을 제한적으로 예외적인 것으로 한다(제137

---

는 필요하지 않다. 그것에 대하여, 양도에는 ① 하수급인이 농업 이외의 안정된 직업에 종사하거나 또는 안정된 수입원이 있을 것, ② 동일한 집단경제조직의 구성원에게로의 양도일 것, ③ 발주자의 동의가 있을 것이라는 제한이 있다. 또한 일반토지의 도급경영권에 대한 저당권의 설정은 원칙적으로 부정되지만 추후 특별법이 만들어질 가능성이 남아 있다(물권법 제184조 제2호 제2문).

조 제3항). 경영용지의 불하는 협의 · 입찰 · 경매에 의하는 종래의 방법을 바꾸어 공개의 가격경쟁인 입찰과 경매에만 의하도록 하였다(제137조 제2항).[18] 구분지상권에 해당하는 제도도 규정되고 있지만, 대단히 개괄적인 내용에 머무르고 있다(제136조).

건설용지사용권의 설정은 서면에 의한 설정계약을 필요로 하며, 그곳에 일반적으로 기재되어야 할 내용도 규정하고 있다(제138조). 그 가운데 분쟁해결방법도 계약에서 정하도록 권장되고 있는 점도 주목할 만하다. 건설용지사용권의 설정은 등기되는 시점부터 효력이 발생한다(제139조, 제9조). 비교적 등기가 정비되고 등기관행도 정착되어 있는 도시부에서의 권리설정인 까닭에, 일반원칙인 효력요건주의가 채택되고 있다.

건설용지사용권의 이전에는 현물출자나 증여 · 저당권설정이 포함된다는 점에서 일반토지의 도급경영권의 이전보다 넓고(제143조), 그 경우에도 서면에 의한 계약과 등기가 요구되며(제144조), 등기가 효력요건이다. 건설용지사용권과 그

---

18) 협의에 의한 불하의 경우 가격은 당사자간의 협의에 의하여 정하여지므로, 부패한 공무원들이 이것을 이용하여 매우 낮은 가격으로 민간업자에게 토지사용권을 제공하는 오직(汚職) · 수뢰문제가 빈번히 발생하였다. 2003년 11월 25일 국가토지자원부 · 국가발전개혁위원회 · 감찰부 · 건설부 · 감사서가 연명으로 발포한 '關與土地市場秩序治理整頓有關情況的通告'에 의한다면, 낮은 가격으로 토지사용권을 설정한 위법매매가 위법사안의 3분의 1을 차지하였다. 그것을 시정하기 위하여 국가토지자원부는 2002년 5월에 '입찰, 경매 등의 공개방식에 의한 국유토지사용권의 양도에 관한 규정'을 공포하여, 각종의 경영용지에 대하여 협의에 의한 불하방식을 금지하였다. 이번 물권법은 이것을 그대로 유지하고 있다. 이것은 제1차적 시장에 자유경쟁을 도입하려는 것이다.

권리에 기하여 건설된 지상의 건축물의 소유권은 서로 다른 권리이지만(소유권의 추정이 있다. 제142조), 건설용지사용권의 이전에는 지상건축물도 함께 이전되는 일체성이 확보되고 있다(제146조, 제147조). 논의가 많았던 건설용지사용권의 존속기간[19] 만료 후의 처리에 대해서는, 물권법은 대상에 따라서 다른 처리방법을 택하고 있다. 주택용지의 경우에는 자동연장되고, 후한 보호를 받는다. 주택 이외의 토지의 경우에는 기본적으로 당사자의 의사에 맡기고, 약정이 없는 때에는 법률・행정법규에 의하여 처리된다(제149조). 그러나 연장하는 때에 다시 불하대금을 지급하는 문제나 건설용지사용권자가 연장을 거절한 때에 건축물의 귀속 등에 관한 문제에 대해서는, 물권법은 규정하지 않고 있으며 장래의 해결에 맡기고 있다.[20] 또 건설용지사용권의 존속기간 전에 공공의 이익을 위하여 건설용지사용권을 회수하는 때에는 당해 토지 위에 있는 건물 기타의 부동산에 대하여 보상을 하여야 하며, 불하대금의 상당부분도 반환한다(제148조).

집단소유의 토지가 건설용지로 사용되는 경우에는, 이 장의 규정이 적용되지 않고 토지관리법의 규정이 적용된다(제

---

19) 현행법은 용도에 따라서 토지사용권의 최장기간을 정하고 있다. ① 거주용지 70년, ② 교육・과학기술・문화・위생・체육용지 50년, ③ 상업・관광・오락용지 40년, ④ 기타 용지 50년(都市部國有地使用權設定・讓渡暫定條例 第12條).

20) 현행법은 건설용지사용권의 기간만료 후에 토지사용권자가 기간연장을 신청하였거나 또는 신청을 하였지만 승인을 받지 못한 경우에는, 건설용지사용권 및 그 토지 위의 건물 및 부착물은 무상으로 토지소유자, 즉 국가에 귀속한다고 규정되어 있다(都市部國有地使用權設定・讓渡暫定條例 第40條).

151조). 이것은 구체적으로는 다음 두 가지의 경우를 가리키고 있다. 하나는, 집단 내부에서의 사용, 즉 향토기업이나 집단에 속하는 농민 혹은 향토의 공공시설이나 공익사업이 집단소유지를 사용하는 경우이다. 이 경우에 건설용지사용권의 양도 · 임대 · 저당권설정은 토지관리법에 의하여 명문으로 금지되고 있다(토지관리법 제63조). 또 하나는, 집단의 외부자에 의한 사용으로서, 집단소유지를 수용절차에 의하여 국유지로 전환하고서 국유지의 사용권을 취득하는 순서를 밟는다(토지관리법 제43조).

### (마) 제13장 택지사용권

택지사용권은 집단소유지(기본적으로는 농촌부의 토지)를 택지로 사용하는 경우에 한정하여 인정되는 사용수익권이다(제152조). 이 권리는 토지를 소유하는 집단조직으로부터 1세대 1개소를 원칙적으로 무상으로 제공받으며, 기한의 정함도 없는 복지적인 권리이다. 택지사용권을 규정하는 법률은 토지관리법과 담보법밖에 없고, 그 성질 · 취득방법 · 권리내용 · 유통성 등이 매우 불명확하다. 그 때문에 택지사용권은 유상으로 취득하여야 하는가, 택지사용권의 양도나 그것에 대한 저당권의 설정은 가능한가 등의 논의가 있었다. 물권법은 택지의 재분배(자연적 재해에 의하여 택지가 멸실된 경우에는 재분배가 보장되고 있다. 제154조) · 등기만을 규정하고, 그 이외의 문제의 해결을 모두 토지관리법 등의 특별법에 맡기고 있다. 택지사용권의 양도도 제한적으로 긍정하고 있지만, 이전등기는 효력요건이 아니다(제155조).

#### (바) 지역권

지역권에 대해서는 비교적 상세하게 규정되어 있다(제162조~제167조). 이는 토지소유권이나 각종의 제한물권과의 관계가 복잡한 것이 그 이유일 것이다. 건설용지사용권 등과 마찬가지로 지역권설정에도 서면이 필요하며, 그 내용도 규정되어 있다(제157조). 등기는 선의의 제3자에 대한 대항요건이다(제158조, 제169조 참조). 지역권은 등기가 반드시 기대될 수 없고, 승역지의 계속적 이용에 의하여 그 존재를 알 수 있는 경우가 많을 것이라는 점이 고려된 것이다.

### (4) 제4편 담보물권

#### (가) 개관

담보물권 편을 둘러싸고는, 특별법인 담보법이 1995년 제정되어 있다는 점으로부터 도대체 담보물권법을 만들어야 하는가, 선취특권 · 부동산질권 · 양도담보를 규정하여야 하는가 등이 논의되었었다. 물권법은 담보물권 편을 만들면서, 담보법에 대한 담보물권법의 우선적용을 규정하였다(제178조). 물권법은 담보물권의 종류로서 선취특권 · 부동산질권 · 양도담보를 인정하지 않고,[21] 저당권 · 질권 · 유치권만을 규정하고 있다.

---

21) 선취특권·부동산질권은 물권법 제1심의안부터 존재하지 않았다. 양도담보는 제3심의안의 단계에서 삭제되었다. 그 이유는 동산담보에 관한 규정이 충분히 정비되고 있고, 따라서 양도담보를 규정할 필요가 없다는 것이었다. 全人大常務委員會法制工作委員會民法室編, “全人大法律委員會關于中華人民共和國物權法 (草案) 修改情況的匯報”, 物權法立法背景與觀點全集(法律出版社, 2007), 27面.

(나) 제15장 일반규정

제15장은 담보물권에 공통되는 규율을 담고 있는 모든 담보물권법의 총칙이다. 그 주요한 내용은 다음과 같다.

첫째, 유치권을 포함하여 모든 담보물권에 우선변제권을 통일적으로 인정하고(제170조), 피담보채권의 범위 및 물상대위에 관해서도 총칙적 규정을 두고 있다(제173조, 제174조).

둘째, 물상보증인의 구상담보[역담보]청구권이 명문으로 규정되어 있다(제171조 제2항).

셋째, 담보물권의 부종성(제171조 제1항, 제177조 1호)과 함께, 담보물권설정계약이 무효인 경우에 관계 당사자의 과실(過失)의 정도에 따른 손실분담책임이라고 하는 일종의 계약체결상의 과실책임에 관한 규정이 마련되어 있다(제172조 제2항).

넷째, 물상보증인이 알 수 없는 사정에 의한 채무자의 변경에 대하여, 책임을 면제하는 규정이 마련되어 있다(제175조).

다섯째, 물적 담보와 인적 담보가 병행된 경우, 물상보증인의 이익을 고려한 취급을 행하고는 있지만, 채무자에 대한 구상권만을 규정하고(제176조) 물상보증인과 보증인 간의 대위관계에 있어서의 부담을 조정하는 규정은 두지 않고 있다. 물상보증인과 보증인 사이의 구상권을 인정하지 않는 입장이 채택된 것으로 보인다.

여섯째, 담보법은 물권법 제정 후에도 존속하며, 물권법에 규정이 없는 경우(주로 보증 및 계약금)에 적용된다. 앞으로는 보증은 계약각칙에서, 계약금은 계약총칙에서 규정될 예정이다.

(다) 제16장 저당권

이 장은 일반저당권과 근저당권에 대하여 규정하고 있다. 다음과 같은 점을 특징으로 하고 있다.

첫째, 저당권은 부동산에 한하지 않고, 건설 중인 부동산이나 집합유동동산까지 광범위한 재산에 설정될 수 있다(제180조 제1항). 한편 농촌부의 토지사용권이나 사회공익시설에는 저당권의 설정이 원칙적으로 인정되지 않는다(제184조 제2호, 제3호). 건축물과 건설용지사용권은 저당권설정에 있어서도 일체 처리가 원칙이며(제182조, 제183조), 우리의 법정지상권과 같은 복잡한 문제는 생기기 어렵다. 또한 건설용지사용권 위의 저당권은 저당권설정 후에 신축된 건물에는 그 효력이 미치지 않지만, 일체적인 처리를 위하여 일괄처분을 하도록 규정하고 있다(제200조).

둘째, 저당권의 설정계약은 서면을 요건으로 하고 있으며, 내용도 일반적인 것이 규정되어 있다(제185조). 유저당계약은 금지되고 있지만(제186조), 저당권의 실행방법이 귀속청산이나 임의매각 등 다양하게 인정되고 있는 점을 주목할 필요가 있다(제195조). 저당권설정등기는 효력요건으로 되는 경우와 선의의 제3자에 대한 대항요건으로 되는 경우로 나뉜다(제187조~제189조).

셋째, 피담보채권의 최고액의 제한이 폐지되었다. 담보법에는 피담보채권이 저당목적물의 가액을 넘어서는 아니 된다는 규정이 있지만(담보법 제35조 제1항), 이번의 물권법에는 이와 같은 제한을 두지 않고 있다. 실질적으로 피담보채권의 최고액의 제한이 폐지되었다고 하겠다.

넷째, 담보법은 이용권설정 후에 설정된 저당권은 이용권에 대항할 수 없다는 것만을 규정하고(담보법 제48조), 저당권설정 후에 설정된 이용권과 저당권과의 관계에 대하여 아무런 규정을 두지 않았다. 이번 물권법은 그것을 보완하여, 저당권과 이용권의 우열은 선후관계에 의한다고 규정하고 있다(제190조).

저당목적물의 양도는 저당권자의 동의가 없다면 원칙적으로 무효가 되며, 동의를 얻어 양도하는 경우에도 피담보채권의 변제 또는 공탁이 필요하다(제191조).[22] 이 조문의 입법취지는 저당권자와 매수인의 보호에 있다고 설명되고 있다.[23] 그러나 저당목적물의 양도에 저당권자의 동의가 필요하다고 하는 것은, 저당목적물의 처분권한이 저당권설정자에게 있는 점이나 저당권이 교환가치를 지배하는 권리라는 점과는 부합하기 어렵다고 생각된다. 또한 저당목적물의 양도가 저당권의 소멸 또는 담보형식의 변경을 일으킨다고 하는 것은 저당권의 추급효를 인정하지 않는 것이 되고, 등기의 의미를 감소시킨다. 나아가, 저당권자가 가지는 피담보채권에 대한 기한의 이익을 일방적으로 빼앗고, 또한 담보실행의 시기를 선택할 수 없게 만드는 것으로서, 저당권자의 보호

---

22) 물권법의 이 조문은 담보법 제정 전의 해석(最高人民法院 1990年12月5日 "關于貫徹執行中華人民共和國民法通則若干問題的意見(修正稿) 第126條")으로 되돌아가고 있다. 그런데 담보법은 저당기간 중 저당권설정자가 이미 등기한 저당목적물을 양도하는 경우에는 저당권자에게 그 양도의 통지를 하고 저당권설정의 사실을 양수인에게 고지하여야 하며, 이 통지 또는 고지를 하지 않은 경우 당해 양도는 무효가 된다고 규정하고 있다(담보법 제49조).

23) 黃松有主編·最高人民法院物權法硏究小組編, 中華人民共和國物權法條文理解與適用(人民法院出版社, 2007), 571面.

에 미흡한 점이 있다. 한편, 전질(轉質)에 관한 규정은 있지만(제217조), 전저당(轉抵當)에 관한 규정은 없다. 요컨대 물권법은 저당권이 설정되어 있는 재산의 유통이나 담보가치의 재이용을 인정하고 있지 않다(제192조). 그리고 저당목적물의 가치를 감소시키는 행위에 대해서는, 감소행위의 정지청구권 · 가치회복청구권 · 보충담보청구권 · 즉시변제청구권 등 매우 상세한 규정을 두고 있다(193조).

다섯째, 저당권의 실행으로서 경매 또는 임의매각을 하는 경우 대금의 배당에 대하여, 물권법은 ① 기(旣)등기저당권 사이에는 등기의 선후에 의하여, ② 기등기저당권이 미등기저당권에 우선하여, ③ 미등기저당권 사이에는 채권액의 비율에 따라서 배당한다고 규정하고 있다(제199조). ①은 부동산에도 동산에도 적용되지만, ②나 ③은 동산에만 적용된다고 해석된다. 또한 담보법은 피담보채권은 저당목적물의 가치를 넘어서는 아니 된다(담보법 제35조)는 입장을 채택하고 복수의 저당권의 설정을 제한적으로밖에 인정하지 않았지만, 이번 물권법은 제199조의 전제로서 복수의 저당권의 설정을 인정하고 있는 것으로 생각된다.

여섯째, 저당권의 실행방법으로서, 경매절차 외에 평가취득(환가)이라고 하는 일종의 귀속청산방식이나 임의매각을 인정하고, 이때 시장가격을 참조하도록 하고 있는 점에서 그 적정성을 도모하고 있다(제195조. 질권의 제219조, 유치권의 제236조도 같다). 이러한 사적 실행을 인정하고 있는 점에 물권법의 특징이 있고, 경매절차의 통일이나 경매시설의 정비가 되어 있지 않기 때문에, 그것을 보완함으로써 실제의 편의를 도모한 것으로 생각된다. 그런데 담보법에서는 당사자 간에 협의가 되지 않는 경우, 저당권자는 인민법원에 제소하여 승소 판결을 얻은 후 강제집행을 청구할 수 있는 데 반하여(제53조 제1항), 물권법에서는 저당권자는 저당권의 증명을 가지고 직접적으로 인민법원에 대하여 저당목적물의 경매 또는 임의 매각을 청구할 수가 있다(제195조 제2항). 또한 저당권의 행사 기간은 피담보채권의 소송시효기간[24] 내로 한정된다(제202조). 이것은 저당권자의 적극적인 권리행사를 촉구하고, 저당 목적재산의 효용을 촉진하기 위해 두어진 규정이다.

일곱째, 근저당권에 대해서는, 규정이 5개밖에 없고 내용도 매우 간단하며, 피담보채권도 '일정한 기간 내에 계속적으로 발생하는 채권'뿐만 아니라 '당사자의 합의에 의하여 추가된 기존채권'도 포함될 수 있다고 하는 규정을 두고 있다(제203조). 여기서 포괄근저당권으로부터 생길 수 있는 폐해가 어떻게 처리되는가는 명확하지 않다.

여덟째, 전체에 관한 것으로서, [집합]유동동산저당권제도가 물권법에 의하여 신설된 것이 특히 주목할 만하다(제180조 제1항 제4호, 제181조, 제189조). 즉, 기업 · 개인상공업자 · 농업생산경영자는 서면협의에 의하여 현재 및 장래 보유하는 생산설비 · 원재료 · 반제품 · 제품에 대하여 저당권을 설정할 수 있다고 규정함으로써(제181조), 담보법에 없는 [집합]유

---

24) 소송시효기간이라 함은 권리자가 소송절차에 의하여 의무자에게 이행하는 것을 강제할 수 있는 법정기간을 말한다. 권리자가 권리를 주장하지 않은 채로 이 기간이 경과한다면 권리자는 소권을 상실한다. 인민법원에 대하여 민사상 권리의 보호를 청구할 수 있는 소송시효기간은 2년이다(민법통칙 제135조).

동동산저당권을 인정하고 있다. 이것에 의하여 중소기업이 융자받기가 쉬워질 것이다. [집합]유동동산저당권의 설정에는 특별한 등기가 요구되지만, 정상적인 경영활동 중에 합리적인 대가(代價)를 지급하고서 저당목적물을 취득한 양수인에게 대항할 수는 없다(제189조).

#### (라) 제17장 질권

이 장은 동산질권과 권리질권의 모두를 인정하고 있지만, 부동산질권은 인정하고 있지 않다.

물권법은 동산질권에 관해서는 다음과 같은 내용의 규정들을 두고 있다.

첫째, 질권의 설정계약은 소정의 기재사항을 갖춘 서면의 형식으로 체결하며(제210조), 질권은 질물을 인도한 때에 설정된다(제212조).

둘째, 질권자는 질물의 보관의무를 지는데, 이를 위반하면 질권자는 배상책임을 질 뿐만 아니라 질권설정자는 질물공탁청구권이나 기한전(期限前) 변제에 의한 질물반환청구권을 갖는다(215조). 질권자의 책임 없는 사유로 질물이 훼손되거나 그 가치가 현저히 감소될 가능성이 높은 때에는 질권자는 다른 담보의 제공을 청구할 수 있고, 질권설정자가 다른 담보를 제공하지 않는 경우에는 질권자는 질물을 경매 또는 임의매각할 수 있다(제216조).

셋째, 질권의 존속기간 내에서 질권설정자의 동의 없이도 질권자는 전질을 할 수 있다(제217조).

넷째, 채무이행기가 도래한 때에는 질권설정자는 지체 없는 권리행사를 질권자에게 청구할 수 있고, 이를 태만히 하면 질권자가 배상책임을 진다(제220조. 유치권에도 같은 취지의 제237조의 규정이 있다). 이것은 채무의 변제기 도래 후에 질물의 가치가 하락하는 것으로부터 생기는 위험을 질권자에게 부담시키기 위해 새로이 만들어진 규정이다.

다섯째, 근질을 허용하는 규정을 두면서, 이에 대하여 근저당권에 관한 규정을 준용하고 있다(제222조).

권리질권에 관해서는 다음과 같은 내용의 규정들을 두고 있다.

첫째, 권리질권도 서면에 의하여 계약을 체결하여야 하며, 권리증서의 인도 시에 설정되고, 권리증서가 없는 경우에는 질권설정의 등기를 필요로 한다(제224조~제226조).

둘째, 권리질권을 설정할 수 있는 권리의 범위에 대하여, 물권법은 담보법의 규정에 덧붙여 양도할 수 있는 기금출자지분액과 외상대금채권을 들고 있다(제223조).

셋째, 권리질권에 대해서는 동산질권의 규정을 준용한다.

(마) 유치권

담보법은 유치권의 발생원인으로 될 수 있는 계약을, 보관계약·운송계약·가공도급계약의 세 종류에 한정하고 있다(담보법 제84조). 물권법은 이와 같은 입장을 바꾸어 유치권의 목적이 될 수 있는 동산 모두에 대하여 유치권을 행사할 수 있다고 규정하고 있다(제232조). 이처럼 유치권의 목적물이 동산에 한정되고, 또한 최우선순위의 우선변제가 정면에서 인정되고 있다(제230조 제1항, 제239조).

### (5) 제5편 점유

첫째, 점유가 물권법의 마지막 부분에 소유권이나 타물권과는 전혀 달리 규정되고 있고, 또한 점유권이라고 하는 명칭을 사용하고 있는 점에서, 점유의 체계적 위치를 명확히 하였다고 할 수 있다.

둘째, 이 장의 규정은 매우 간결하여, 점유자와 소유자와의 관계와 점유소권만을 규율한다. 점유 자체의 정의나 태양(자주점유·타주점유), 직접점유·간접점유에 대한 규정은 없다. 인도의 태양은 물권변동에 관한 규정(제2장 제2절)에서 규정되고 있으며, 선의취득은 제2편 제9장에 규정을 두고 있다.

셋째, 취득시효는 민법총칙에서 규정하는 것으로 예정되어 있기 때문에, 이에 관한 규정을 두고 있지 않다.

넷째, 악의점유자뿐 아니라 선의점유자도 과실(果實)을 수취할 권리를 가지지 않는다(제243조 제1항). 또한 유익비의 상환청구권에 관한 규정이 없고, 악의점유자에게는 필요비의 상환청구권도 인정되어 있지 않다(제243조 제2항). 점유물이 멸실·훼손된 경우, 그 원인이 점유자의 귀책사유에 의한 것인가의 여부를 묻지 않고서 선의점유자는 자신이 취득한 수익을 권리자에게 반환하면 족하지만, 악의점유자는 손해전부을 배상하여야 한다(제244조). 타주점유자의 책임이 어떻게 취급되는가는 명확하지 않다.

다섯째, 점유권이 침탈된 경우, 침탈된 날로부터 1년간 점유자가 원물의 반환청구권을 행사하지 않으면 청구권은 시효소멸한다(제245조 제2항).

# 중국물권법의 의의

중국물권법의 제정은 중국 사법(私法)제도의 발전에 있어서 대단히 중대한 지위를 차지하고 있다. 특히 중요하다고 생각되는 점은 다음과 같다.

첫째, 물권법은 재산권의 귀속에 관한 기본적인 규정이 없던 지금까지의 불안정한 상태에 종지부를 찍게 할 뿐만 아니라, 수많은 단행법에 분산되어 있던 규정들을 통합하여 체계적으로 통일적으로 정리하였다. 물권법의 제정으로 재산권의 귀속에 관한 기본법이 만들어졌고, 시장경제체제의 기반이 굳건하게 마련된 것이 가장 큰 의의라 할 수 있다.

둘째, 물권법은 수많은 정치적 난관을 뛰어넘어, 실질적 개혁을 많이 단행하였다. 국가소유권・집단소유권・사인소유권의 평등한 보호, 등기기관을 포함한 등기제도의 통일, 택지사용권이나 건설용지사용권의 자동적 기한연장 등은 기득권과 저촉된다는 점에서 반대나 저항도 격심하였지만, 입법 기초 담당부서가 단숨에 추진하는 용단을 보여주었다. 또한 물권법은 기본원칙(제1조, 제4조), 물권의 보호(제32

조~제38조), 토지도급경영권 · 택지사용권의 규정 등에서 볼 수 있듯이, 철저한 법치주의를 지향함으로써 침해에 대하여 사유재산을 보호하고, 민사상의 법률관계의 예측 가능성 · 안정성을 확보하려고 하고 있다. 이것에 의하여 국민의 사유재산에 대한 의식이나 물권법에 관한 인식은 크게 높아질 것이다.

# 2장

# 중국물권법 조문

## ■ 일러두기

이해의 편의를 도모하기 위하여 원문에는 없는 것이지만, 각 조문마다 괄호 속에 표제를 붙였다.

# 중화인민공화국 물권법

(2007년 3월 16일 전국인민대표대회 제10기 제5차 회의에서 통과)

## 중화인민공화국 주석 령 제62호

≪중화인민공화국 물권법≫을 중화인민공화국 전국인민대표대회 제10기 제5차 회의에서 통과하고 이에 공포하며 2007년 10월 1일부터 시행한다.

중화인민공화국 주석
후진타오(胡錦濤)
2007년 3월 16일

## 차 례

# 제1편 총 칙

## 제1장 기본원칙

제1조 [본법의 목적] 국가의 기본경제제도와 사회주의시장경제질서를 유지하고, 물건의 귀속을 명확히 하며, 물건의 효용을 발휘시키고, 권리자의 물권을 보호하기 위하여 헌법에 근거하여 이 법을 제정한다.

제2조 [적용범위, 물건과 물권의 정의] ① 물건의 귀속 및 이용으로 인하여 발생하는 민사관계에 이 법을 적용한다.
② 이 법에서 말하는 물건에는 부동산과 동산이 포함된다. 법률이 권리를 물권의 객체로 규정한 경우에는 그 규정에 따른다.
③ 이 법에서 물권이라 함은 권리자가 법률에 따라 특정한 물건에 대해 직접적으로 지배하는 배타적인 권리를 말하며, 소유권·용익물권·담보물권이 포함된다.

제3조 [국가의 기본적 경제제도] ① 국가는 사회주의 초급단계에서 공유제(公有制)를 주체로 하고, 여러 종류의 소유제 경제를 공동으로 발전시키는 기본적 경제제도를 견지한다.
② 국가는 공유제경제를 강화·발전시키며, 비공유제경제의 발전을 권장·지지·유도한다.
③ 국가는 사회주의시장경제를 실시하며, 모든 시장주체의 평등한 법적 지위 및 발전의 권리를 보장한다.

제 4 조 [물권의 평등보호] 국가·집단·사인의 물권 및 기타 권리자의 물권은 법률의 보호를 받으며, 어떠한 조직 및 개인도 이것을 침해해서는 아니 된다.

제 5 조 [물권법정주의] 물권의 종류와 내용은 법률이 정하는 바에 의한다.

제 6 조 [공시원칙] 부동산물권의 설정·변경·양도 및 소멸은 법률의 규정에 따라 등기하여야 한다. 동산물권의 설정 및 양도는 법률의 규정에 따라 인도하여야 한다.

제 7 조 [물권의 취득 및 행사에 대한 제한] 물권의 취득 및 행사에 있어서는 법률을 준수하고, 사회공중도덕을 존중하여야 하며, 공공의 이익과 타인의 합법적인 권익을 침해하여서는 아니 된다.

제 8 조 [일반법으로서의 물권법] 물권에 대하여 다른 관련 법률에 별도의 규정이 있는 경우에는 그 규정에 따른다.

## 제2장 물권의 설정, 변경, 양도 및 소멸

### 제1절 부동산등기

제 9 조 [부동산물권의 등기원칙] ① 부동산물권의 설정·변경·양도 및 소멸은 법률에 따라 등기하여야 그 효력이 발생한다. 등기하지 않으면 그 효력이 발생하지 않는다. 다만, 법률에 다른 규정이 있는 경우는 그러하지 아니하다.

② 법률에 의하여 국가의 소유로 되어 있는 자연자원은 그 소유권을 등기하지 않아도 된다.

제10조 [부동산등기제도] ① 부동산등기는 부동산 소재지의 등기기관이 취급한다.
② 국가는 부동산에 대하여 통일된 등기제도를 실시한다. 통일된 등기의 범위·등기기관 및 등기방법은 법률·행정법규로 정한다.

제11조 [등기신청에 필요한 서류] 당사자가 등기를 신청할 때에는 각각의 등기사항에 따라서 권리귀속의 증서 및 부동산의 경계·면적 등 필요한 자료를 제출하여야 한다.

제12조 [등기기관의 직책] ① 등기기관은 다음 각 호의 직책을 이행하여야 한다.
1. 신청인이 제출한 권리귀속의 증명, 기타 필요한 자료의 심사
2. 등기신청자에 대한 등기 관련 사항에 관한 질문
3. 관련 사항의 사실대로의 지체 없는 등기
4. 법률 및 행정법규에서 규정하는 기타의 직책

② 등기신청을 한 부동산의 관련 상황에 대하여 추가로 증명이 필요한 경우에는, 등기기관은 신청인에게 자료의 보충을 요구할 수 있으며, 필요에 따라서는 현장조사를 할 수 있다.

제13조 [등기기관의 금지사항] 등기기관은 다음 각 호의 행위를 하여서는 아니 된다.

1. 부동산에 대한 감정평가의 요구
2. 연도의 정기검사 등의 명목 아래에서의 중복등기
3. 등기직책의 범위를 넘는 기타 행위

**제 14 조 [부동산물권변동의 효력발생시기]** 부동산물권의 설정·변경·양도 및 소멸은, 법률의 규정에 따라 등기를 하여야 하는 경우, 부동산등기부에 기재한 때로부터 그 효력이 발생한다.

**제 15 조 [부동산물권변동을 일으키는 계약의 효력발생시기]** 부동산물권의 설정·변경·양도 및 소멸에 관하여 당사자 사이에서 체결된 계약은, 법률에 다른 규정이 있거나 계약에 다른 약정이 있는 경우를 제외하고는, 계약 성립시부터 그 효력이 발생한다. 물권의 등기를 하지 않더라도 계약의 효력에 영향을 미치지 않는다.

**제 16 조 [부동산등기부]** ① 부동산등기부는 물권의 귀속 및 그 내용의 근거가 된다.
② 부동산등기부는 등기기관이 관리한다.

**제 17 조 [부동산권리귀속증서]** 부동산권리귀속증서는 권리자가 당해 부동산에 대하여 물권을 가진다는 것을 증명하는 증서이다. 부동산권리귀속증서에 기재한 사항은 부동산등기부의 기재와 일치하여야 한다. 기재사항이 일치하지 않는 경우, 부동산등기부에 확실히 오류가 있음을 증명하는 증거가 없는 한 부동산등기부의 기재에 의한다.

제18조 [부동산등기부의 공개] 권리자 및 이해관계인은 등기자료의 조회 또는 복사를 신청할 수 있으며, 등기기관은 해당 등기자료를 제공하여야 한다.

제19조 [경정등기 및 이의등기] ① 권리자 및 이해관계인이 부동산등기부의 기재사항에 오류가 있다고 판단하는 경우에는 경정등기를 신청할 수 있다. 부동산등기부에 기재된 권리자가 경정에 대하여 서면으로 동의하거나 또는 등기에 확실히 오류가 있음을 증명할 수 있는 증거가 있는 경우에는 등기기관은 경정하여야 한다.
② 부동산등기부에 기재된 권리자가 경정에 동의하지 않는 경우, 이해관계인은 이의등기를 신청할 수 있다. 등기기관이 이의등기를 한 경우, 신청자가 이의등기를 한 날로부터 15일 이내에 소를 제기하지 않으면, 이의등기는 효력을 상실한다. 이의등기가 부당하여 권리자에게 손해를 입힌 경우, 권리자는 신청자에 대하여 그 손해의 배상을 청구할 수 있다.

제20조 [가등기] ① 건물 또는 기타의 부동산물권을 매매하는 계약을 체결한 경우, 장래 물권의 실현을 보장하기 위하여 당사자는 약정에 따라 등기기관에 가등기를 신청할 수 있다. 가등기 후 가등기권리자의 동의 없이 당해 부동산을 처분한 경우, 물권의 효력은 발생하지 않는다.
② 가등기 후 채권이 소멸한 경우 또는 부동산등기를 할 수 있는 날로부터 3개월 이내에 등기를 신청하지 않은 경우, 가등기는 효력을 상실한다.

제 21 조 [허위등기·과오등기] ① 허위의 자료를 제공하여 등기를 신청하고, 이로 인하여 타인에게 손해를 입힌 당사자는 그 손해를 배상할 책임을 져야 한다.
② 등기과오로 인하여 타인에게 손해를 입힌 경우, 등기기관이 그 손해를 배상할 책임을 져야 한다. 등기기관은 손해를 배상한 후 등기의 과오를 일으킨 자에게 구상할 수 있다.

제 22 조[등기비용] 부동산등기비용은 건당으로 징수하며, 부동산의 면적·용적 또는 가액의 비율에 따라 징수하여서는 아니 된다. 구체적인 비용징수의 기준은 국무원의 관련부서 및 가격 주관부서와 공동으로 정한다.

## 제2절 동산의 인도

제 23 조 [동산물권변동] 동산물권의 설정 및 양도는 동산을 인도한 때로부터 그 효력이 발생한다. 다만, 법률에 다른 규정이 있는 경우는 그러하지 아니하다.

제 24 조 [선박 등의 물권변동] 선박·항공기·자동차 등에 관한 물권의 설정·변경·양도 및 소멸은 등기를 하지 않으면 선의의 제3자에게 대항할 수 없다.

제 25 조 [간이인도] 동산의 물권을 설정 및 양도하기 전에 권리자가 이미 법률에 따라 당해 동산을 점유하고 있는 경우, 당해 물권은 법률행위가 효력을 발생하는 때로부터 그 효력이 발생한다.

제 26 조 [간접점유물의 인도] 동산의 물권을 설정 및 양도하기 전에 제3자가 법률에 따라 당해 동산을 점유하고 있는 경우, 인도의무를 지는 자는 제3자에 대한 목적물 반환청구권을 양도하는 것으로써 인도에 갈음할 수 있다.

제 27 조 [점유개정에 의한 양도] 동산의 물권을 양도하면서 당해 동산을 양도인이 계속하여 점유하기로 당사자가 다시 약정한 경우에는, 물권은 당해 약정이 효력을 발생하는 때로부터 그 효력이 발생한다.

## 제3절 기타 규정

제 28 조 [특수원인에 의한 물권변동] 인민법원 혹은 중재위원회의 법률문서 또는 인민정부의 수용결정 등으로 인하여 물권이 설정·변경·양도 또는 소멸되는 경우, 물권은 법률문서 또는 인민정부의 수용결정 등이 효력을 발생하는 때로부터 그 효력이 발생한다.

제 29 조 [상속·유증에 의한 물권변동] 상속 또는 유증에 의하여 물권을 취득하는 경우, 물권은 상속개시 또는 유증을 받는 때로부터 그 효력이 발생한다.

제 30 조 [사실행위에 의한 물권변동] 건물을 적법하게 건축 또는 붕괴하는 등의 사실행위로 인하여 물권이 설정 또는 소멸되는 경우, 물권은 당해 사실행위가 완성된 때에 그 효력이 발생한다.

제 31 조 [법률행위에 의하지 않고서 취득한 부동산의 물권변동] 이 법 제28조에서 제30조까지의 규정에 따라 부동산물권을 취득한 자가 당해 물권을 처분함에 있어서 법률의 규정에 따라 등기할 필요가 있는 경우, 등기를 하지 아니하면 당해 물권은 효력이 발생하지 아니한다.

## 제3장 물권의 보호

제 32 조 [물권의 보호방법] 물권이 침해된 경우, 권리자는 화해·조정·중재·소송 등의 방법에 의하여 해결할 수 있다.

제 33 조 [물권확인청구권] 물권의 귀속 또는 내용에 관하여 분쟁이 발생한 경우, 이해관계인은 권리의 확인을 청구할 수 있다.

제 34 조 [목적물반환청구권] 부동산 또는 동산이 권원 없이 점거된 경우, 권리자는 목적물의 반환을 청구할 수 있다.

제 35 조 [방해배제·예방청구권] 물권이 방해된 경우 또는 방해될 가능성이 있는 경우, 권리자는 방해의 배제 또는 위험의 제거를 청구할 수 있다.

제 36 조 [원상회복청구권] 부동산 또는 동산이 훼손된 경우, 권리자는 수리·재제작·교체 또는 원상회복을 청구할 수 있다.

제 37 조 [손해배상청구권] 물권이 침해되어 권리자가 손해를 입은 경우, 권리자는 그 손해의 배상을 청구할 수 있으며, 다른 민사책임의 부담을 청구할 수도 있다.

제 38 조 [청구권의 경합] ① 이 장에 규정한 물권보호방식은 단독으로 적용할 수도 있고, 권리의 침해상황에 따라 중복하여 적용할 수도 있다.
② 물권을 침해한 자는 민사책임을 지는 이외에, 행정관리규정을 위반한 때에는 법률에 따라 행정책임을 진다. 범죄를 구성하는 경우에는 법률에 따라 형사책임을 추궁한다.

# 제2편 소유권

## 제4장 일반규정

제 39 조 [소유권의 내용] 소유자는 자기의 부동산 또는 동산에 대하여 법률에 따라 점유·사용·수익 및 처분할 권리를 가진다.

제 40 조 [용익물권·담보물권의 설정] 소유자는 자기의 부동산 또는 동산 위에 용익물권과 담보물권을 설정할 권리를 가진다. 용익물권자와 담보물권자가 권리를 행사할 때에 소유자의 권익을 침해하여서는 아니 된다.

제 41 조 [국가소유의 전속재산] 법률의 규정에 의하여 국가만이 소유할 수 있는 부동산 및 동산에 대해서는 어떠한 조직 및 개인도 소유권을 취득할 수 없다.

제 42 조 [부동산의 수용] ① 공공이익의 필요성을 이유로 법률이 규정하는 권한 및 절차에 따라 집단소유의 토지, 조직·개인의 건물 및 기타 부동산을 수용할 수 있다.
② 집단소유의 토지를 수용하는 경우, 법률의 규정에 따라 토지보상금·이전보조금·지상의 부착물 및 수확하기 전의 논에 대한 보상비 등의 비용을 전액 지급하여야 하며, 토지가 수용된 농민들의 사회보장금을 마련하여 그들의 생활을 보장하고, 그들의 합법적인 권익을 수호하여야 한다.
③ 조직·개인의 건물 및 기타 부동산을 수용하는 경우, 법률에 따라 철거명도를 보상하여 피수용자들의 합법적인 권익을 수호하여야 한다. 개인의 주택을 수용하는 경우, 피수용자의 거주조건도 보장하여야 한다.
④ 어떠한 조직이나 개인이든지 수용보상비 등의 비용을 횡령·유용·부정분배·부정유치 또는 부당한 지급지연을 하여서는 아니 된다.

제 43 조 [농지에 대한 특별보호] 국가는 경작지에 대하여 특별한 보호를 실시하며, 농업용 토지의 건설용지로의 전환을 엄격히 제한하며, 건설용지의 총량을 통제한다. 법률이 정한 권한과 절차에 반하여 집단소유의 토지를 수용하여서는 아니 된다.

제 44 조 [긴급징용] 긴급대책, 재해구조 등의 긴급한 필요성

에 기하여 법률에서 정하는 권한 및 절차에 따라 조직 또는 개인의 부동산 또는 동산을 징용할 수 있다. 징용된 부동산 또는 동산을 사용한 후 피징용인에게 반환하여야 한다. 조직 또는 개인의 부동산 또는 동산이 징용된 경우, 또는 징용된 후에 손상 또는 멸실한 경우, 보상을 하여야 한다.

## 제5장 국가소유권, 집단소유권 및 사인소유권

제 45 조 [국가소유권의 주체 및 권리의 행사방법] ① 법률의 규정에 의하여 국가의 소유로 규정되어 있는 재산은 국가, 즉 전(全) 인민의 소유에 속한다.
② 국유재산은 국무원이 국가를 대표하여 그 소유권을 행사하며, 법률에 다른 규정이 있는 경우 그 규정에 따른다.

제 46 조 [광물 등의 소유권의 귀속] 광물자원·하천 및 해역은 국가소유에 속한다.

제 47 조 [토지소유권의 귀속] 도시부(都市部)의 토지는 국가소유에 속한다. 법률에 의하여 국가소유로 규정되어 있는 농촌부(農村部) 및 도시부 교외의 토지는 국가소유에 속한다.

제 48 조 [자연자원의 소유권의 귀속] 삼림·산지·초원·황무지·개펄 등 자연자원은 국가소유에 속한다. 다만, 법률이 집단소유에 속한다고 규정한 것은 그러하지 아니하다.

제 49 조 [야생동식물자원의 소유권의 귀속] 법률에 의하여

국가소유로 규정되어 있는 야생동식물자원은 국가소유에 속한다.

제 50 조 [무선방송주파수대역자원의 소유권의 귀속] 무선방송주파수대역자원(無線放送周波數帶域資源)은 국가소유에 속한다.

제 51 조 [문화재의 소유권의 귀속] 법률에 의하여 국가소유로 규정되어 있는 문화재는 국가소유에 속한다.

제 52 조 [기간시설의 소유권의 귀속] ① 국방을 위한 자산은 국가소유에 속한다.
② 철도·자동차도로·전력시설·전신시설 및 석유 또는 가스수송관 등의 사회자본은 법률에 의하여 국가의 소유로 규정되어 있는 경우에는 국가소유에 속한다.

제 53 조 [국가기관에 의한 국가소유권의 행사] 국가기관은 그가 직접 지배하는 부동산 또는 동산에 대하여, 점유·사용 및 법률과 국무원의 관련 규정에 따라 처분할 권리를 가진다.

제 54 조 [국가설립사업체에 의한 국가소유권의 행사] 국가가 설립·운영하는 사업체는 그가 직접 지배하는 부동산과 동산에 대하여 점유·사용 및 법률과 국무원의 관련 규정에 따라 수익·처분할 권리를 가진다.

제 55 조 [국가출자기업에 대한 권리·의무] 국가가 출자한 기업에 대하여 국무원과 지방인민정부는 법률 및 행정법규

의 규정에 따라 각각 국가를 대표하여 출자자로서의 직책을 수행하며, 출자자로서의 권익을 가진다.

**제 56 조 [국가소유권의 보호]** 국가소유의 재산은 법률의 보호를 받으며, 어떠한 조직이나 개인이든지 이를 횡령·약탈·부정분배·부정유치 또는 파괴를 하여서는 아니 된다.

**제 57 조 [국유재산관리자의 법적 책무]** ① 국유재산의 관리·감독의 직책을 수행하는 기관 및 그 직원은 법률에 따라 국유재산에 대한 관리·감독을 강화하고, 국유재산의 가치유지와 증식을 촉진하며, 국유재산의 손실을 방지하여야 한다. 직권을 남용하고 직무를 유기하여 국유재산에 손실을 입힌 경우에는 법률에 따라 법적 책임을 져야 한다.
② 국유재산의 관리규정에 반하여 기업체제의 개혁, 기업의 합병 또는 분할, 관련 거래 등의 과정에서 저가(低價)양도, 공모에 의한 부정분배, 무단담보설정 또는 기타의 방법으로 국유재산에 손실을 입힌 경우, 법률에 따라 법적 책임을 져야 한다.

**제 58 조 [집단소유권의 객체]** 집단소유의 부동산 및 동산에는 다음 각 호의 내용이 포함된다.

1. 법률의 규정에 의하여 집단의 소유에 속하는 토지·삼림·산지·초원·황무지·개펄
2. 집단이 소유하는 건물·생산시설·농지의 관개 및 배수 설비
3. 집단이 소유하는 교육·과학·문화·위생·체육 등의 설비
4. 집단이 소유하는 기타 부동산과 동산

**제 59 조 [농민집단소유권의 주체 및 권리행사의 방법]** ① 농민집단이 소유하는 부동산 및 동산의 소유권은 그 집단의 구성원 전체에 속한다.

② 다음 각 호의 사항은 법률에서 규정하는 절차에 따라 당해 집단의 구성원이 결정하여야 한다.

1. 토지도급방법 및 토지를 당해 집단 이외의 조직 또는 개인에게 도급을 맡기는 사항
2. 일부의 토지도급경영권자 사이에서의 도급토지의 조정
3. 토지보상금 등의 비용의 사용 및 분배의 방법
4. 집단이 출자한 기업의 소유권 변동 등에 관한 사항
5. 법률이 정하는 기타 사항

**제 60 조 [농민집단소유권의 행사]** 집단이 소유하는 토지 및 삼림·산지·초원·황무지·개펄 등에 대해서는 다음 각 호의 규정에 따라 소유권을 행사한다.

1. 촌의 농민집단의 소유에 속하는 것은 촌의 집단경제조직 또는 촌민(村民)위원회가 집단을 대표하여 소유권을 행사한다.
2. 촌내(村內)의 두 개 이상의 농민집단의 소유에 속하는 것은 촌내 각각의 집단경제조직 또는 촌민소조(村民小組 ; 촌내의 자치조직)가 집단을 대표하여 소유권을 행사한다.
3. 향(鄕)·진(鎭)의 농민집단의 소유에 속하는 것은 향·진의 집단경제조직이 집단을 대표하여 소유권을 행사한다.

**제 61 조 [도시부 집단소유권]** 도시부의 집단이 소유하는 부동산 및 동산은 법률·행정법규의 규정에 따라 당해 집단이 점유·사용·수익 및 처분할 권리를 가진다.

제 62 조 [집단재산 상황의 공개] 집단경제조직·촌민위원회 또는 촌민소조는 법률·행정법규 및 정관·촌민규약에 따라 당해 집단의 구성원들에게 집단재산의 상황을 공개하여야 한다.

제 63 조 [집단소유권의 보호] ① 집단소유의 재산은 법률의 보호를 받으며, 어떠한 조직이나 개인이든지 이를 횡령·약탈·부정분배·부정유치 또는 파괴하는 것을 금지한다.
② 집단경제조직·촌민위원회 또는 그 책임자가 내린 결정이 집단구성원의 합법적 권익을 침해한 경우, 침해당한 집단구성원은 인민법원에 그 취소를 청구할 수 있다.

제 64 조 [사인소유권] 사인(私人)은 자기의 합법적인 수입·건물·생활용품·생산도구·원재료 등의 부동산 및 동산에 대하여 소유권을 가진다.

제 65 조 [사인의 저축·투자 및 상속권 등의 보호] ① 사인의 합법적인 저축·투자 및 그 수익은 법률의 보호를 받는다.
② 국가는 법률의 규정에 따라 사인의 상속권 및 기타 합법적인 권익을 보호한다.

제 66 조 [사인재산의 보호] 사인의 합법적인 재산은 법률의 보호를 받으며, 어떠한 조직이나 개인이든지 이를 횡령·약탈·부정분배·부정유치·파괴하는 것을 금지한다.

제 67 조 [기업에 대한 출자와 권리관계] 국가·집단 및 개인은 법률에 따라 출자하여 유한책임회사·주식회사 또는 기타

기업을 설립할 수 있다. 국가·집단 및 사인이 소유하는 부동산 또는 동산을 기업에 투자한 경우, 출자자는 약정 또는 출자비율에 따라 자산수익·중대사항결정 및 경영관리자의 선임 등의 권리를 가지며, 아울러 의무를 진다.

第68条[법인의 소유권의 내용] ① 기업법인은 자신의 부동산 및 동산에 대하여, 법률·행정법규 및 정관에 따라, 점유·사용·수익 및 처분할 권리를 가진다.
② 기업법인 이외의 법인의 부동산 및 동산에 대한 권리는 관련 법률·행정법규 및 정관의 규정을 적용한다.

第69条[사회단체의 소유권 보호] 사회단체가 법률에 따라 소유하고 있는 부동산 및 동산은 법률의 보호를 받는다.

## 제6장 건물소유자의 건물구분소유권

第70条[건물의 구분소유권] 구분소유자는 건물 내의 주거 또는 사업 등에 사용되는 전유부분에 대하여 소유권을 가지며, 전유부분 이외의 공용부분에 대하여는 공유권 및 공동관리권을 가진다.

第71条[전유부분에 대한 권리의무] 구분소유자는 당해 건물의 전유부분에 대하여 점유·사용·수익 및 처분할 권리를 가진다. 구분소유자의 권리행사는 건물의 안전에 유해한 행위를 하거나 다른 구분소유자의 합법적인 권익을 침해하여서는 아니 된다.

제72조 [공용부분에 대한 권리의무] ① 구분소유자는 건물의 전유부분 이외의 공용부분에 대하여 권리를 가지고 의무를 부담한다. 권리의 포기를 이유로 의무를 이행하지 않아서는 아니 된다.

② 구분소유자가 건물 내의 주거 또는 사업에 사용하는 전유부분을 양도하는 경우, 그 공용부분에 대한 공유권 및 공동관리권도 함께 양도된다.

제73조 [건축구획 내의 도로 등의 소유권의 귀속] 건축구획 내의 도로는 구분소유자의 공유에 속한다. 다만, 도시부와 진(鎭)의 공공도로에 속하는 것은 그러하지 아니하다. 건축구획 내의 녹지는 구분소유자의 공유에 속한다. 다만, 도시부와 진(鎭)의 공공녹지에 속하는 것 또는 개인에게 속하는 것으로 명시되어 있는 것은 그러하지 아니하다. 건축구획 내의 기타 공공장소와 공공시설 및 건물관리용 부분은 구분소유자의 공유에 속한다.

제74조 [건축구획 내의 주차장 및 차고에 관한 권리관계] ① 건축구획 내에 자동차주차용으로 계획된 구획 및 차고는 우선적으로 구분소유자의 수요를 충족시켜야 한다.

② 건축구획 내에 자동차주차용으로 계획된 구획 및 차고의 귀속에 대해서는, 당사자가 매매·구분소유권취득부수증여 또는 임대 등의 방법으로 약정한다.

③ 구분소유자가 공유하는 도로 또는 기타 장소를 점용하여 자동차의 주차에 사용되는 구획은, 구분소유자의 공유에 속한다.

제75조 [구분소유자총회] ① 구분소유자는 구분소유자총회를 설립하고, 구분소유자위원회를 선출할 수 있다.
② 지방인민정부의 관련부서는 구분소유자총회의 설립과 구분소유자위원회의 선출을 지도 및 협력하여야 한다.

제76조 [구분소유자의 공동결정사항 및 그 방법] ① 다음 각 호의 사항은 구분소유자가 공동으로 결정한다.

1. 구분소유자총회의 의사규칙의 제정 및 개정
2. 건물 및 그 부속시설에 관한 관리규약의 제정 및 개정
3. 구분소유자위원회의 선출 또는 동 위원회 위원의 경질
4. 건물관리업자 또는 기타 관리인의 선임 및 해임
5. 건물 및 그 부속시설의 유지 및 수선자금의 징수 및 사용
6. 건물 및 그 부속시설의 개축과 재건축
7. 공유권 및 공동관리권에 관한 기타 중요 사항

② 전항의 제5호 및 제6호의 사항을 결정하는 때에는, 전유부분이 건물 총면적의 3분의 2 이상을 차지하는 구분소유자의 동의 및 총인원수의 3분의 2 이상의 구분소유자의 동의를 얻어야 한다. 전항의 기타의 사항을 결정할 때에는 전유부분이 건물 총면적의 과반수를 차지하는 구분소유자의 동의 및 총인원수의 과반수를 차지하는 구분소유자의 동의를 얻어야 한다.

제77조 [용도의 변경] 구분소유자는 법률·[행정]법규 및 관리규약을 위반하여, 주거를 사업용으로 변경해서는 아니 된다. 구분소유자가 주거를 사업용으로 변경하는 경우, 법률·법규 및 관리규약을 준수해야 하는 외에 이해관계가

있는 구분소유자의 동의를 받아야 한다.

第78조 [구분소유자총회 및 구분소유자위원회의 결정의 효력]
① 구분소유자총회 또는 구분소유자위원회의 결정은 구분소유자에 대하여 구속력을 가진다.
② 구분소유자총회 또는 구분소유자위원회의 결정이 구분소유자의 합법적인 권익을 침해하는 경우, 해당 구분소유자는 인민법원에 그 취소를 청구할 수 있다.

第79조 [유지수선자금] 건물 및 그 부속시설의 유지수선자금은 건물소유자의 공유에 속한다. 그 유지수선자금은 구분소유자의 공동의 결정을 거쳐, 엘리베이터·물탱크 등 공용부분의 시설을 유지·수선하는 데 사용할 수 있다. 유지수선자금의 징수·사용의 상황은 공개하여야 한다.

第80조 [비용분담·수익배분] 건물 및 그 부속시설의 비용분담·수익배분 등의 사항은 약정이 있는 경우 그 약정에 따른다. 약정이 없거나 약정이 명확하지 않은 경우, 구분소유자의 전유부분이 건물 총면적에서 차지하는 비율에 따라서 확정한다.

第81조 [건물 및 그 부속시설의 관리] ① 구분소유자는 건물 및 그 부속시설을 스스로 관리할 수도 있고, 건물관리업자 또는 기타 관리인에게 위탁하여 관리하게 할 수도 있다.
② 구분소유자는 건설수급인이 선임한 건물관리업자 또는 기타 관리인을 법률에 따라 경질할 권리가 있다.

제 82 조 [건물관리업자 등]  건물관리업자 또는 기타 관리인은 구분소유자의 위탁에 따라 건축구획 내의 건물 및 그 부속시설을 관리하며, 아울러 구분소유자의 감독을 받는다.

제 83 조 [구분소유자의 의무]  ① 구분소유자는 법률·법규 및 관리규약을 준수하여야 한다.
② 구분소유자총회와 구분소유자위원회는, 무단 쓰레기 투기·오염물질 배출 또는 소음 발생·규정위반의 동물사육·규칙위반의 증개축·통로의 점거·관리비용의 지급거절 등 타인의 합법적인 권익을 침해하는 행위에 대하여, 법률·법규 및 관리규약에 따라 행위자에게 침해의 정지·위험의 제거·방해의 배제 및 손해의 배상을 청구할 권리를 가진다. 구분소유자는 자신의 합법적인 권익을 침해하는 행위에 대하여 법률에 따라 인민법원에 소를 제기할 수 있다.

## 제7장 상린관계

제 84 조 [상린관계의 처리원칙]  부동산의 상린권자는 생산에의 유리, 생활에의 편리, 단결에의 유익, 공정합리의 원칙들에 따라서 상린관계를 올바르게 처리하여야 한다.

제 85 조 [상린관계의 처리기준]  법률·법규에 상린관계의 처리에 대하여 규정이 있는 경우 그 규정에 따른다. 법률·법규에 규정이 없는 경우 현지의 관습에 따를 수 있다.

제 86 조 [용수·배수 및 유수의 이용]  ① 부동산의 권리자는

상린권자의 용수·배수에 필요한 편의를 제공하여야 한다.
② 자연유수의 이용은 부동산의 상린권자들 사이에 합리적으로 배분하여야 한다. 자연유수의 배출은 자연적인 흐름의 방향을 존중하여야 한다.

제 87 조 [이웃토지통행권] 부동산의 권리자는 상린권자가 통행 등을 위해 반드시 그의 토지를 이용해야 할 경우, 필요한 편의를 제공하여야 한다.

제 88 조 [이웃토지사용권] 부동산의 권리자가 건물을 축조 또는 수선하거나 전력선·전신선·수도관·난방관 및 가스관 등을 가설하기 위하여 반드시 이웃 토지나 건물을 이용하여야 할 경우, 이웃 토지 또는 건물의 권리자는 필요한 편의를 제공하여야 한다.

제 89 조 [건축시 주의의무] 건물을 축조하는 경우, 국가의 건설공사 관련 기준을 위반하거나 이웃 건물의 통풍·채광 및 일조를 방해하여서는 아니 된다.

제 90 조 [유해물질배출의 금지] 부동산의 권리자는 국가의 규정을 위반하여 고체폐기물질을 투기하거나 대기오염물질·수질오염물질·소음·빛·전자파복사 등의 유해물질을 배출하여서는 아니 된다.

제 91 조[안전확보의무] 부동산의 권리자가 토지의 굴착·건물의 축조·도관의 부설 및 전선의 배선·설비의 설치 등의 행위를 하는 경우, 이웃 부동산의 안전에 위해를 가하여서는

아니 된다.

第 92 条 [손해의 회피 및 보상] 부동산의 권리자가 용수·배수·통행·도관의 부설 및 전선의 배선 등을 위하여 이웃 부동산을 이용할 경우, 이웃 부동산의 권리자에게 손해를 주지 않도록 노력하여야 한다. 손해를 입힌 경우에는 보상을 하여야 한다.

## 제8장 공 유

第 93 条 [공유] 부동산 또는 동산은 두 개 이상의 조직 또는 개인이 공동으로 소유할 수 있다. 공유는 지분공유와 공동공유로 구분된다.

第 94 条 [지분공유] 지분공유자는 공유하는 부동산 또는 동산에 대하여 그의 지분에 따라서 소유권을 가진다.

第 95 条 [공동공유] 공동공유자는 공유하는 부동산 또는 동산에 대하여 공동으로 소유권을 가진다.

第 96 条 [공유물의 관리] 공유자는 약정에 따라 공유하는 부동산 또는 동산을 관리한다. 약정이 없거나 약정이 명확하지 않은 경우, 각 공유자는 모두 관리할 권리와 의무를 가진다.

第 97 条 [공유물의 처분 및 중대한 수선] 공유하는 부동산

또는 동산을 처분하거나 공유하는 부동산 또는 동산에 대하여 중대한 수선을 하는 경우, 지분의 3분의 2 이상을 가지는 지분공유자 또는 공동공유자 전원의 동의를 얻어야 한다. 다만, 공유자 사이에 다른 약정이 있는 경우는 그러하지 아니하다.

제 98 조 [공유물의 관리비용 등] 공유물에 대한 관리비용 및 기타의 부담비용에 대해서 약정이 있는 경우 그 약정에 따라 처리한다. 약정이 없거나 약정이 명확하지 않은 경우, 지분공유자는 각자의 지분에 따라 부담하고, 공동공유자는 공동으로 부담한다.

제 99 조 [공유물의 분할청구] 공유자 사이에 공유하는 부동산 또는 동산의 분할을 금지함으로써 공유관계를 유지하는 것이 약정되어 있는 경우, 그 약정에 따라야 한다. 다만, 분할을 필요로 하는 중대한 이유가 있는 경우에는 분할을 청구할 수 있다. 약정이 없거나 약정이 명확하지 않은 경우, 지분공유자는 언제라도 분할을 청구할 수 있다. 공동공유자는 공유의 기초를 상실했거나 중대한 이유가 있는 때에만 분할을 청구할 수 있다. 분할로 인하여 기타 공유자에게 손해를 입힌 경우, 그 손해를 배상하여야 한다.

제 100 조 [공유물의 분할방법] ① 공유자는 분할방법을 협의하여 정할 수 있다. 협의가 이루어지지 않더라도 공유하는 부동산 또는 동산을 분할할 수 있고, 또한 분할로 인하여 가치감소가 발생할 우려가 없는 경우에는 현물을 분할하여야 한다. 분할하기 어렵거나 분할로 인하여 가치감소가 발생

할 우려가 있는 경우에는 환가 또는 경매, 임의매각 등에 의하여 취득한 대금을 분할하여야 한다.
② 공유자가 분할에 의하여 취득한 부동산 또는 동산에 하자가 있을 경우, 다른 공유자는 공동으로 손실을 분담하여야 한다.

제 101 조 [지분공유자의 지분의 양도] 지분공유자는 공유하는 부동산 또는 동산의 지분을 양도할 수 있다. 다른 공유자는 동등한 조건 아래에서 우선적으로 매수할 권리를 가진다.

제 102 조 [공유물에 대한 채권채무관계] 공유하는 부동산 또는 동산으로부터 발생한 채권 또는 채무는, 대외관계에 있어서는 공유자가 연대하여 채권을 가지며, 연대하여 채무를 부담한다. 다만, 법률에 다른 규정이 있거나 공유자가 연대채권채무관계에 있지 않음을 제3자가 알고 있는 경우는 그러하지 아니하다. 공유자의 내부관계에 있어서는 공유자에게 다른 약정이 있는 경우를 제외하고, 지분공유자는 각자의 지분에 따라 채권을 가지고 채무를 부담하며, 공동공유자는 공동으로 채권을 가지고 채무를 부담한다. 자기의 분담액을 초과하여 변제를 한 지분공유자는 다른 공유자에게 구상할 권리를 가진다.

제 103 조 [지분공유의 추정] 공유자가 공유하는 부동산 또는 동산에 대하여 지분공유 또는 공동공유의 약정을 하지 않았거나 약정이 명확하지 않은 경우, 공유자 사이에 가족관계가 존재하는 경우를 제외하고는 지분공유로 추정한다.

第104条 [공유지분의 비율의 추정] 지분공유자가 공유하는 부동산 또는 동산에 대하여 가지는 지분에 관하여 약정을 하지 않았거나 약정이 불명확한 경우, 출자액에 따라 지분을 확정한다. 출자액을 확정할 수 없는 경우, 지분은 균등한 것으로 추정한다.

第105条 [준공유] 둘 이상의 조직 또는 개인이 공동으로 용익물권·담보물권을 가지는 경우, 이 장의 규정을 참조한다.

## 제9장 소유권취득에 관한 특별규정

第106条 [선의취득] ① 처분권이 없는 자가 부동산 또는 동산을 양수인에게 양도한 경우, 소유권자는 이를 반환받을 권리를 가진다. 법률에 다른 규정이 있는 경우를 제외하고 다음 각 호의 사유에 모두 해당하는 경우, 양수인은 당해 부동산 또는 동산의 소유권을 취득한다.

1. 양수인이 당해 부동산 또는 동산을 선의로 양수할 것
2. 합리적인 가격에 의한 양도일 것
3. 양도되는 부동산 또는 동산에 대해서 법률의 규정에 의하여 등기를 필요로 하는 것은 등기를 하고, 등기를 필요로 하지 않는 것은 인도를 받았을 것

② 양수인이 전항의 규정에 따라 부동산 또는 동산의 소유권을 취득한 경우, 원(原)소유권자는 처분권이 없는 자에게 손해배상을 청구할 권리를 가진다.

③ 당사자가 선의로 다른 물권을 취득한 경우, 전(前) 2개항의 규정을 참조한다.

제 107 조 [유실물의 선의취득] 소유권자 또는 기타 권리자는 유실물을 반환받을 권리를 가진다. 당해 유실물이 제3자에게 양도되어 그가 점유하고 있는 경우, 권리자는 처분권 없는 자에게 손해배상을 청구하거나 또는 양수인을 알았거나 알 수 있었던 날로부터 2년 내에 양수인에게 유실물의 반환을 청구할 권리를 가진다. 다만, 양수인이 경매를 통해 또는 영업자격을 가지는 경영자로부터 당해 유실물을 매수한 경우, 권리자는 유실물의 반환을 청구할 때 양수인에게 양수인이 지급한 대가를 변상하여야 한다. 권리자는 양수인에게 양수인이 지급한 대가를 변상한 후 처분권 없는 자에게 구상할 권리를 가진다.

제 108 조 [선의취득 후의 권리관계] 선의의 양수인이 동산을 취득한 후 당해 동산 위에 존재하고 있던 원(原)권리는 소멸한다. 다만, 선의의 양수인이 양수할 때에 당해 권리의 존재를 알았거나 알 수 있은 경우에는 그러하지 아니하다.

제 109 조 [유실물습득] 유실물을 습득한 경우, 권리자에게 반환하여야 한다. 습득자는 권리자에 수령하도록 지체 없이 통지하거나 경찰 등 관계부서에 인도하여야 한다.

제 110 조 [유실물의 반환] 관계부서는 유실물을 인도받은 후 권리자를 알고 있는 경우에는 지체 없이 권리자에게 수령하도록 통지하여야 한다. 권리자를 알지 못하는 경우에는 지체 없이 수령의 공고를 하여야 한다.

제 111 조 [유실물의 보관] 습득자는 유실물을 관계부서에

인도하기까지, 관계부서는 유실물이 [권리자에게] 인도되기까지, 선량한 관리자의 주의로써 보관하여야 한다. 고의 또는 중대한 과실로 인하여 유실물을 훼손 또는 멸실한 경우에는 민사책임을 져야 한다.

**제 112 조 [유실물의 보관비용 등]** ① 권리자는 유실물 수령시 습득자 또는 관계부서에 대하여 유실물보관 등을 위하여 지출한 필요비용을 지급하여야 한다.
② 권리자가 현상광고를 내고 유실물을 찾은 경우, 유실물 수령시 약속대로 습득자에게 의무를 이행하여야 한다.
③ 습득자가 유실물을 횡령한 경우, 유실물보관 등을 위하여 지출한 비용과 보수를 청구할 권리를 가지지 아니하며, 권리자에게 약속대로 의무를 이행할 것을 청구할 권리도 가지지 아니한다.

**제 113 조 [공고기간 경과 후의 유실물]** 유실물 수령공고를 낸 날로부터 6개월 이내에 수령자가 없는 경우, 유실물은 국가소유로 귀속된다.

**제 114 조 [표류물·매장물 등의 귀속]** 표류물을 습득하거나 매장물 또는 은닉물을 발견한 경우, 유실물의 습득에 관한 규정을 참조한다. 문화재보호법 등 법률에 다른 규정이 있는 경우는 그 규정에 따른다.

**제 115 조 [주물·종물]** 주물이 양도된 경우, 종물도 주물과 함께 양도된다. 다만, 당사자가 다른 약정을 한 경우에는 그러하지 아니하다.

제 116 조 [과실] ① 천연과실은 소유권자가 취득한다. 소유권자 및 용익물권자가 동시에 존재하는 경우, 용익물권자가 천연과실을 수취한다. 당사자가 다른 약정을 한 경우에는 그 약정에 따른다.
② 법정과실은 당사자에게 약정이 있는 경우 그 약정에 따른다. 약정이 없거나 약정이 명확하지 않은 경우, 거래관습에 따라 수취한다.

# 제 3 편 용익물권

## 제10장 일반규정

제 117 조 [용익물권의 내용] 용익물권자는 타인이 소유하고 있는 부동산 또는 동산에 대하여 법률에 따라 점유·사용 및 수익할 권리를 가진다.

제 118 조 [자연자원의 용익물권] 국가가 소유하는 자연자원, 국가가 소유하지만 집단이 사용하고 있는 자연자원 및 법률의 규정에 의하여 집단소유에 속하는 자연자원은, 조직 또는 개인이 법률에 따라 점유·사용 및 수익할 수 있다.

제 119 조 [자연자원의 유상사용제도] 국가는 자연자원의 유상사용제도를 실시한다. 다만, 법률에 다른 규정이 있는 경우에는 그러하지 아니하다.

**제 120 조 [용익물권행사의 제한]** 용익물권자는 권리행사 시 자원의 보호 및 합리적인 개발·이용에 관한 법률의 규정을 준수하여야 한다. 소유권자는 용익물권자의 권리행사에 간섭하여서는 아니 된다.

**제 121 조 [수용·징용에 대한 보상]** 부동산 또는 동산의 수용 또는 징용으로 인하여 용익물권이 소멸되었거나 용익물권의 행사에 영향을 미치는 경우, 용익물권자는 이 법 제42조 및 제44조의 규정에 따라 보상을 받을 권리를 가진다.

**제 122 조 [해역사용권의 보호]** 법률에 따라 취득한 해역사용권은 법률의 보호를 받는다.

**제 123 조 [시굴권 등의 보호]** 법률에 따라 취득한 시굴권(試掘權)·채굴권·취수권(取水權) 및 수역 또는 개펄을 이용하여 양식(養殖) 또는 어로(漁撈)에 종사하는 권리는 법률의 보호를 받는다.

## 제11장 토지의 도급경영권

**제 124 조 [농촌의 경제제도]** ① 농촌집단경제조직은, 가구별 도급경영을 기초로 하여, [집단적] 통일경영과 [가구별] 분산경영이 결합된 이중경영체제를 실시한다.

② 농민집단의 소유이든 국가의 소유이든 농민집단이 사용하고 있는 농경지·임야·초지 및 기타 농업용 토지에는 법률에 따라 토지도급경영제도를 실시한다.

**제 125 조 [토지도급경영권의 내용]** 토지도급경영권자는 법률에 따라 그가 도급받아 경영하는 농경지·임야·초지 등에 대하여 점유·사용 및 수익할 권리를 가지며, 재배업·임업·목축업 등의 농업생산에 종사할 권리를 가진다.

**제 126 조 [토지도급경영권의 존속기간]** ① 농경지의 도급경영기간은 30년으로 한다. 초지의 도급경영기간은 30년부터 50년까지로 한다. 임야의 도급경영기간은 30년부터 70년까지로 한다. 특수한 수목을 위한 임야의 도급경영기간은 국무원 임업행정 주관부서의 허가를 받아 연장할 수 있다.
② 전항에서 규정한 도급경영기간이 만료된 경우, 토지 도급경영권자는 국가의 관련 규정에 따라 계속 도급경영을 할 수 있다.

**제 127 조 [토지도급경영권의 효력발생시기]** ① 토지도급경영권은 토지도급경영계약이 효력을 발생하는 때에 설정된다.
② 현급 이상의 지방인민정부는 토지도급경영권자에게 토지도급경영권증서·임업권증서·초원사용권증서를 발급하고, 또한 등기를 한 후 관계서류를 등기부에 편철함으로써 토지도급경영권[의 설정]을 확인하여야 한다.

**제 128 조 [토지도급경영권의 유통]** 토지도급경영권자는 농촌토지도급법의 규정에 따라 토지도급경영권을 하도급·교환·양도 등의 방법에 의하여 유통시킬 권리를 가진다. 유통기간은 도급경영기간의 잔여기간을 초과할 수 없다. 법률에 따른 허가를 받지 않고서, 도급토지를 농업 이외의 용도로 사용하여서는 아니 된다.

제 129 조 [토지도급경영권의 변경등기] 토지도급경영권자가 토지도급경영권을 교환·양도한 경우, 당사자가 등기를 원할 때에는 현급 이상의 지방인민정부에 토지도급경영권의 변경등기를 신청하여야 한다. 등기를 하지 않는 경우, 선의의 제3자에게 대항하지 못한다.

제 130 조 [도급토지의 조정] ① 도급기간 내에는 도급의 발주자는 도급토지를 조정하지 못한다.
② 자연재해로 인해 도급토지가 현저하게 손상되는 등 특수한 상황이 발생하여 도급을 준 농경지 또는 초지를 적절히 조정할 필요가 있는 경우에는 농촌토지도급법 등의 법률의 규정에 따라 처리하여야 한다.

제 131 조 [도급토지의 회수] 도급기간 내에는 도급의 발주자는 도급토지를 회수하지 못한다. 농촌토지도급법 등의 법률에 다른 규정이 있는 경우, 그 규정에 따른다.

제 132 조 [도급토지의 수용] 도급토지가 수용된 경우, 토지도급경영권자는 이 법 제42조 제2항의 규정에 따라 보상받을 권리를 가진다.

제 133 조 [황무지 등의 토지도급경영권의 이전] 입찰·경매 또는 공개협의 등의 방법에 의하여 황무지 등의 농촌토지를 도급받은 경우, 농촌토지도급법 등의 법률 및 국무원의 관련 규정에 따라 그 토지도급경영권을 양도·출자 또는 저당권의 설정 또는 기타의 방법으로 이전할 수 있다.

제 134 조 [국가소유의 농지의 도급경영] 국가가 소유하는 농업용지에 대하여 도급경영을 실시하는 경우에는, 이 법의 관련 규정을 참조한다.

## 제12장 건설용지사용권

제 135 조 [건설용지사용권의 내용] 건설용지사용권자는 법률에 따라 국가소유의 토지에 대하여 점유·사용 및 수익할 권리를 가지며, 당해 토지를 이용하여 건물·구축물 및 그 부속시설을 축조할 권리를 가진다.

제 136 조 [건설용지사용권의 범위] 건설용지사용권은 토지의 지표·지상 또는 지하에 각각 설정할 수 있다. 새로 설정되는 건설용지사용권은 이미 설정된 용익물권을 침해하지 못한다.

제 137 조 [건설용지사용권의 설정방법] ① 건설용지사용권의 설정은 사용권의 매각 또는 무상제공 등의 방법에 의할 수 있다.

② 공업·상업·관광·오락 및 상품주택 등의 사업용지 또는 동일한 토지에 이용 희망자가 둘 이상인 토지의 경우에는, 입찰·경매 등 공개입찰 경쟁의 방법으로 사용권을 매각하여야 한다.

③ 무상제공의 방법으로 건설용지사용권을 설정하는 것은 엄격히 제한된다. 무상제공의 방법을 이용하는 경우, 법률·행정법규의 토지용도에 관한 규정을 준수하여야 한다.

제 138 조 [건설용지사용권설정계약] ① 입찰·경매·협의 등 매각의 방법으로 건설용지사용권을 설정하는 경우, 당사자는 서면의 형식으로 건설용지사용권 매각계약을 체결하여야 한다.

② 건설용지사용권 매각계약은 일반적으로 다음 각 호의 사항을 포함한다.

1. 당사자의 명칭 및 주소
2. 토지의 위치 및 면적 등
3. 건축물·구축물 및 그 부속시설이 차지하는 공간
4. 토지의 용도
5. 사용기간
6. 사용권 매각대금 등의 비용 및 그 지급방법
7. 분쟁해결방법

제 139 조 [건설용지사용권의 등기] 건설용지사용권을 설정하는 경우, 등기기관에 건설용지사용권의 등기를 신청하여야 한다. 건설용지사용권은 등기한 때에 설정된다. 등기기관은 건설용지사용권자에게 건설용지사용권증서를 발급하여야 한다.

제 140 조 [건설용지사용권자의 의무] 건설용지사용권자는 토지를 합리적으로 이용하여야 하며, 또한 토지용도를 변경하여서는 아니 된다. 토지용도를 변경할 필요가 있는 경우, 법률에 따라 관련 행정주관부서의 허가를 얻어야 한다.

제 141 조 [비용의 지급의무] 건설용지사용권자는 법률의 규정 및 계약의 약정에 따라 사용권 매각대금 등의 비용을

지급하여야 한다.

제 142 조 [건축물 등의 소유권의 귀속] 건설용지사용권자가 축조한 건축물·구축물 및 그 부속시설의 소유권은 건설용지사용권자에게 속한다. 다만, 그렇지 않음을 증명하는 증거가 있는 경우는 그러하지 아니하다.

제 143 조 [건설용지사용권의 양도 등] 건설용지사용권자는 건설용지사용권을 양도·교환·출자·증여 또는 저당권을 설정할 권리를 가진다. 다만, 법률에 다른 규정이 있는 경우는 그러하지 아니하다.

제 144 조 [건설용지사용권의 양도계약] 건설용지사용권을 양도·교환·출자·증여 또는 저당권을 설정하는 경우, 당사자는 서면의 형식으로 그에 상응하는 계약을 체결하여야 한다. 존속기간은 당사자의 약정에 의하여 정하되, 그 기간은 건설용지사용권의 잔여기간을 초과하여서는 아니 된다.

제 145 조 [건설용지사용권의 변경등기] 건설용지사용권을 양도·교환·출자 또는 증여할 경우, 등기기관에 변경등기를 신청하여야 한다.

제 146 조 [건설용지사용권과 건축물과의 관계] 건설용지사용권을 양도·교환·출자 또는 증여하는 경우, 당해 토지에 부착되어 있는 건축물·구축물 및 그 부속시설은 함께 처분된다.

**제 147 조 [건축물 등의 처분과 건설용지사용권]** 건축물·구축물 및 그 부속시설을 양도·교환·출자 또는 증여하는 경우, 당해 건축물·구축물 및 그 부속시설이 차지하고 있는 범위 내의 건설용지사용권이 함께 처분된다.

**제 148 조 [건설용지사용권의 기간만료 전의 회수]** 건설용지사용권의 기간만료 전에, 공공이익의 필요에 의해 당해 토지를 회수하는 경우, 이 법 제42조의 규정에 따라 당해 토지에 있는 가옥 및 기타 부동산에 대하여 보상을 하여야 하며, 아울러 상응한 사용권의 매각대금을 반환하여야 한다.

**제 149 조 [건설용지사용권의 존속기간의 연장]** ① 주택건설용지사용권의 기간이 만료된 경우, 자동적으로 기간이 연장된다.
② 비주택건설용지사용권의 기간만료 후의 연장은 법률의 규정에 따라 처리한다. 당해 토지 위에 존속하는 가옥 및 기타 부동산의 귀속에 관하여는 약정이 있는 경우에는 그 약정에 따르고, 약정이 없거나 약정이 불명확한 경우에는 법률·행정법규의 규정에 따라 처리한다.

**제 150 조 [건설용지사용권의 소멸]** 건설용지사용권이 소멸된 경우, 설정자는 지체 없이 말소등기를 하여야 한다. 등기기관은 건설용지사용권증서를 회수하여야 한다.

**제 151 조 [집단소유토지에 대한 건설용지사용권의 설정]** 집단이 소유하는 토지에 건설용지사용권을 설정하는 경우, 토지관리법 등의 법률의 규정에 따라 처리하여야 한다.

## 제13장 택지사용권

제 152 조 [택지사용권의 내용] 택지사용권자는 법률에 따라 집단이 소유하는 토지를 점유 및 사용할 권리를 가지며, 법률에 따라 당해 토지 위에 주택 및 그 부속시설을 축조할 권리를 가진다.

제 153 조 [택지사용권에 대한 적용법률] 택지사용권의 취득·행사 및 양도는 토지관리법 등의 법률 및 국가의 관련 규정을 적용한다.

제 154 조 [택지사용권의 소멸] 택지가 자연재해 등의 원인으로 인하여 멸실된 경우, 택지사용권은 소멸한다. 택지를 상실한 촌민(村民)에게는 택지를 다시 분배하여야 한다.

제 155 조 [택지사용권의 등기] 이미 등기한 택지사용권이 양도되었거나 소멸된 경우, 지체 없이 변경등기 또는 말소등기를 하여야 한다.

## 제14장 지역권

제 156 조 [지역권의 내용] ① 지역권자는 계약의 약정에 따라 타인의 부동산을 이용하여, 자기 부동산의 편익을 높일 권리를 가진다.
② 전항에서 말하는 타인의 부동산을 승역지, 자기의 부동산을 요역지라 한다.

제 157 조 [지역권의 설정] ① 지역권의 설정은 당사자가 서면의 형식으로 지역권설정계약을 체결하여야 한다.
② 지역권설정계약은 일반적으로 다음 각 호의 사항들을 포함한다.
1. 당사자의 성명 또는 명칭 및 주소
2. 승역지 및 요역지의 위치
3. 이용의 목적 및 방법
4. 이용기간
5. 비용 및 그 지불방법
6. 분쟁해결방법

제 158 조 [지역권의 효력] 지역권은 지역권계약의 효력이 발생하는 때에 설정된다. 당사자가 등기를 원할 경우, 등기기관에 지역권의 등기를 신청할 수 있다. 등기를 하지 않는 경우, 선의의 제3자에게 대항하지 못한다.

제 159 조 [승역지권리자의 의무] 승역지의 권리자는 계약에서 약정한 바에 따라 지역권자가 자기의 토지를 이용하는 것을 허용하여야 하며, 지역권자의 권리행사를 방해하여서는 아니 된다.

제 160 조 [지역권자의 의무] 지역권자는 계약에서 약정한 이용 목적 및 방법에 따라 승역지를 사용하여야 하며, 승역지의 권리자의 물권에 대한 제한을 가능한 한 적게 하여야 한다.

제 161 조 [지역권의 존속기간] 지역권의 기간은 당사자가 약정한다. 다만, 토지도급경영권·건설용지사용권 등 용익

물권의 잔여기간을 초과하여서는 아니 된다.

**제162조 [지역권의 승계]** 토지소유권자가 지역권을 가지고 있는 토지 또는 지역권을 부담하고 있는 토지에 토지도급경영권 또는 택지사용권을 설정하는 경우, 토지도급경영권자 또는 택지사용권자는 그 토지에 이미 설정된 지역권을 계속 가지거나 또는 부담한다.

**제163조 [용익물권이 설정된 토지 위의 지역권설정]** 토지에 토지도급경영권·건설용지사용권·택지사용권 등의 권리가 이미 설정되어 있는 경우, 토지소유권자는 용익물권자의 동의 없이 지역권을 설정하지 못한다.

**제164조 [지역권의 양도]** 지역권은 단독으로 양도하지 못한다. 토지도급경영권·건설용지사용권 등을 양도하는 경우, 지역권도 함께 양도된다. 다만, 계약에 다른 약정이 있는 경우는 그러하지 아니하다.

**제165조 [지역권에 대한 저당권설정 금지]** 지역권에는 단독으로 저당권을 설정하지 못한다. 토지도급경영권·건설용지사용권 등에 저당권이 설정된 경우, 저당권이 실행될 때에는 지역권도 함께 이전된다.

**제166조 [요역지 또는 그 이용권의 일부양도와 지역권]** 요역지 또는 요역지에 설정되어 있는 토지도급경영권·건설용지사용권의 일부가 양도되는 경우, 양도부분에 지역권이 설정되어 있는 때에는, 양수인은 동시에 그 지역권을 취득한다.

제 167 조 [승역지 또는 그 이용권의 일부양도와 지역권] 승역지 또는 승역지에 설정되어 있는 토지도급경영권·건설용지사용권의 일부가 양도되는 경우, 양도부분에 지역권이 설정되어 있는 때에는, 그 지역권은 양수인에 대하여 구속력을 가진다.

제 168 조 [지역권의 소멸사유] 지역권자에게 다음 각 호의 하나에 해당하는 사유가 있는 경우, 승역지의 권리자는 지역권계약을 해제할 권리를 가진다. 해제하는 경우 지역권은 소멸한다.

1. 법률의 규정 또는 계약의 약정에 위반하고, 지역권을 남용한 경우
2. 승역지를 유상으로 이용하는 경우, 약정된 지불기간의 만료 후 합리적인 기간 내에 2회 최고를 받았음에도 비용을 지불하지 않는 경우

제 169 조 [지역권의 등기] 이미 등기한 지역권이 변경·양도 또는 소멸된 경우, 지체 없이 변경등기 또는 말소등기를 하여야 한다.

# 제 4 편 담보물권

## 제15장 일반규정

제 170 조 [담보물권의 내용] 담보물권자는 채무자가 이행기 도래한 채무를 이행하지 않거나 당사자가 담보물권을 실행

하기로 약정한 사유가 발생한 경우에는, 법률에 따라 담보재산으로부터 우선변제를 받을 권리를 가진다. 다만, 법률에 다른 규정이 있는 경우는 그러하지 아니하다.

제 171 조 [담보권의 설정] ① 채권자는 대차·매매 등 민사활동에 있어서 그의 채권의 실행을 보장하기 위하여 담보를 필요로 하는 경우, 이 법 및 기타 법률의 규정에 따라 담보물권을 설정할 수 있다.
② 제3자가 채무자를 위하여 채권자에게 담보를 제공하는 경우, 채무자에 대하여 구상담보를 요구할 수 있다. 구상담보에는 이 법 및 기타 법률의 규정을 적용한다.

제 172 조 [담보권의 설정계약] ① 담보물권을 설정하는 경우에는 이 법 및 기타 법률의 규정에 따라 담보권설정계약을 체결하여야 한다. 담보권설정계약은 주된 채권채무계약의 종된 계약이다. 주된 채권채무계약이 무효인 경우, 담보권설정계약도 무효가 된다. 다만, 법률에 다른 규정이 있는 경우는 그러하지 아니하다.
② 담보권설정계약이 무효임이 확인된 후, 채무자·담보권설정자 또는 채권자에게 고의 또는 과실이 있는 경우, 그 고의 또는 과실에 따라서 각자가 상응하는 민사책임을 져야 한다.

제 173 조 [피담보채권의 범위] 담보물권이 담보하는 범위는 주된 채권 및 그 이자, 위약금, 손해배상금, 담보물의 보관비용 및 담보물권실행비용을 포함한다. 당사자에게 다른 약정이 있는 경우에는 그 약정에 따른다.

**제174조[물상대위]** 담보권의 존속기간 중에 담보물이 훼손·멸실 또는 수용된 경우, 담보물권자는 [담보물권설정자가] 수취한 보험금·배상금 또는 보상금 등으로부터 우선변제를 받을 수 있다. 피담보채권의 이행기가 도래하고 있지 않는 경우에도 [담보권자는] 당해 보험금·배상금 또는 보상금 등을 공탁시킬 수 있다.

**제175조[물상보증인의 책임면제]** 제3자가 담보를 제공한 경우, 그 제3자의 서면에 의한 동의를 얻지 않고서 채무자가 채무의 전부 또는 일부를 이전하고, 채권자가 이를 승낙한 때에는, 담보권설정자는 그 부분에 대하여는 담보책임을 지지 아니한다.

**제176조[물적 담보 및 인적 담보의 순위]** 피담보채권에 대하여 물적 담보와 인적 담보가 동시에 존재하고 있는 경우, 채무자가 이행기 도래한 채무를 이행하지 않거나 당사자가 담보물권을 실행하기로 약정한 사유가 발생한 때에는, 채권자는 약정에 따라 채권을 실행해야 한다. 약정이 없거나 약정이 불명확하고 채무자가 스스로 물적 담보를 제공한 경우, 채권자는 먼저 당해 물적 담보에 대하여 채권을 실행하여야 한다. 제3자가 물적 담보를 제공한 경우, 채권자는 물적 담보에 대하여 채권을 실행할 수도 있고 보증인에게 보증책임을 부담할 것을 청구할 수도 있다. 담보를 제공한 제3자는 담보책임을 이행한 후 채무자에게 구상할 권리를 가진다.

**제177조[담보물권의 소멸사유]** 다음 각 호의 하나에 해당하

는 경우, 담보물권은 소멸한다.

1. 주된 채권의 소멸
2. 담보물권의 실행
3. 채권자에 의한 담보물권의 포기
4. 법률에서 규정하는 담보물권의 소멸사유의 발생

제178조 [담보법과의 관계] 담보법과 이 법의 규정이 일치하지 않는 경우에는 이 법을 적용한다.

## 제16장 저당권

### 제1절 일반저당권

제179조 [저당권의 내용] ① 채무의 이행을 담보하기 위하여 채무자 또는 제3자가 재산의 점유를 이전시키지 않고 당해 재산의 저당권을 채권자에게 설정한 경우, 채무자가 이행기 도래한 채무를 이행하지 않거나 또는 당사자가 저당권을 실행하기로 약정한 사유가 발생한 때에는, 채권자는 당해 재산으로부터 우선변제를 받을 권리를 가진다.
② 전항에서 규정하는 채무자 또는 제3자는 저당권설정자, 채권자는 저당권자, 담보로 제공된 재산은 저당목적물이라 한다.

제180조 [저당권의 목적] ① 채무자 또는 제3자가 처분권을 가지고 있는 다음 각 호의 재산에 대하여 저당권을 설정할 수 있다.

1. 건물 및 기타 지상정착물

2. 건설용지사용권
3. 입찰·경매·공개협의 등의 방법에 의하여 취득한 황무지 등 토지의 도급경영권
4. 생산설비·원재료·반제품·제품
5. 건조 중에 있는 건물·선박 또는 항공기
6. 교통수송수단
7. 법률·행정법규에 저당권의 설정을 금지하지 않고 있는 기타의 재산

② 저당권설정자는 전항에 기재된 재산에 대하여 동시에 저당권을 설정할 수 있다.

**제 181 조 [집합동산저당권]** 기업·개인상공업자·농업생산경영자는, 당사자의 서면협의에 의하여, 현재 보유하고 있거나 장래 보유하게 될 생산설비·원재료·반제품·제품에 저당권을 설정할 수 있다. 채무자가 이행기 도래한 채무를 이행하지 않거나 당사자가 저당권을 실행하기로 약정한 사유가 발생한 경우, 채권자는 저당권실행시에 존재하는 동산으로부터 우선변제를 받을 권리를 가진다.

**제 182 조 [건축물과 건설용지사용권의 수반성]** ① 건물에 저당권을 설정하는 경우, 당해 건물이 점용하고 있는 범위내의 건설용지사용권에도 함께 저당권이 설정된다. 건설용지사용권에 저당권을 설정하는 경우, 그 토지 위의 건축물에도 함께 저당권이 설정된다.

② 저당권설정자가 전항의 규정에 따라 [건축물 및 건설용지사용권에] 함께 저당권을 설정하지 않을 경우, 저당권이 설정되지 아니한 재산에도 함께 저당권이 설정된 것으로

간주한다.

제183조 [농촌부에 대한 저당권설정의 특칙] 향(鄕)·진(鎭) 또는 촌이 경영하는 기업의 건설용지사용권에는 단독으로 저당권을 설정하지 못한다. 향·진 또는 촌이 경영하는 기업의 공장건물 등의 건축물에 저당권을 설정하는 경우, 그 건물이 점용하고 있는 범위 내의 건설용지사용권에도 함께 저당권이 설정된다.

제184조 [저당권설정금지] 다음 각 호의 재산에는 저당권을 설정하지 못한다.

1. 토지소유권
2. 농경지·택지·자류지(自留地)·자류산(自留山) 등의 집단이 소유하는 토지사용권. 다만, 법률에 저당권의 설정이 가능하다고 규정하는 것은 제외함
3. 학교·유치원·병원 등 공익을 목적으로 하는 사업체 또는 사회단체가 설치하는 교육시설·의료보건위생시설, 기타 사회공익시설
4. 소유권·사용권이 불명하거나 다툼이 있는 재산
5. 법률에 의하여 봉인·압류·감독관리되고 있는 재산
6. 법률·행정법규에 저당권을 설정할 수 없는 것으로 규정되고 있는 기타 재산

제185조 [저당권설정계약] ① 저당권을 설정하는 경우, 당사자는 서면의 형식으로 저당권설정계약을 체결하여야 한다.
② 저당권설정계약은 일반적으로 다음의 각 호의 사항들을 포함한다.

1. 피담보채권의 종류 및 금액
2. 채무자의 채무이행기
3. 저당목적물의 명칭·수량·품질·상황·소재지·소유권자 또는 사용권자
4. 피담보채권의 범위

**제186조 [유저당계약의 금지]** 저당권자는 채무자가 이행기 도래한 채무를 이행하지 않는 경우에 저당목적물을 채권자의 소유에 귀속시킨다는 것을 저당권설정자와 채무의 이행기 도래 전에 약정을 하여서는 아니 된다.

**제187조 [부동산저당권의 등기]** 이 법 제180조 제1항 제1호에서 제3호까지에 규정하는 재산 또는 제5호에 규정하는 건조 중에 있는 건물에 저당권을 설정하는 경우, 저당권설정등기를 하여야 한다. 저당권은 등기한 때부터 그 효력이 발생한다.

**제188조 [동산저당권]** 이 법 제180조 제1항 제4호 및 제6호에 규정하는 재산 또는 제5호에 규정하는 건조 중에 있는 선박·항공기에 저당권을 설정하는 경우, 저당권은 저당계약이 효력을 발생하는 때로부터 그 효력이 발생한다. 등기하지 않는 경우, 선의의 제3자에게 대항하지 못한다.

**제189조 [집합동산저당권의 등기]** ① 기업·개인상공업자·농업생산경영자가 이 법 제181조가 규정하고 있는 동산에 저당권을 설정하는 경우, 동산소재지의 상공행정관리부서에 등기하여야 한다. 저당권은 저당계약이 효력을 발생하는

때로부터 그 효력이 발생한다. 등기하지 않는 경우, 선의의 제3자에게 대항하지 못한다.
② 이 법 제181조 규정에 따라 저당권을 설정한 경우, 정상적인 경영활동 중에 합리적인 대금을 지불하고 저당목적물을 취득한 매수인에게는 [저당권의 설정을] 대항하지 못한다.

제 190 조 [저당권과 임대차와의 관계] 저당권설정계약을 체결하기 전에 저당목적물을 이미 임대하고 있는 경우, 원임대차관계는 당해 저당권의 영향을 받지 아니한다. 저당권설정계약을 체결한 후 저당목적물을 임대하는 경우, 당해 임대차관계는 이미 등기된 저당권에 대항하지 못한다.

제 191 조 [저당목적물의 양도] ① 저당권의 존속기간 중에 저당권설정자가 저당권자의 동의를 얻어 저당목적물을 양도한 경우, 저당권설정자는 양도를 통하여 취득한 대금을 가지고 [피담보채권의] 이행기 도래 전에 저당권자에게 변제하든가 또는 공탁하여야 한다. 양도를 통하여 취득한 대금이 채권액을 초과하는 경우 그 초과부분은 저당권설정자에게 속한다. 부족한 부분은 채무자가 변제한다.
② 저당권의 존속기간 중에 저당권설정자는 저당권자의 동의를 얻지 않고서는 저당목적물을 양도하지 못한다. 다만, 양수인이 채무를 대위변제하여 저당권이 소멸되는 경우에는 그러하지 아니하다.

제 192 조 [저당권의 부종성] 저당권은 채권과 분리하여 단독으로 양도하거나 기타 채권의 담보로 하지 못한다. 채권을 양도하는 경우, 당해 채권을 담보하는 저당권도 함께 양도된

다. 다만, 법률에 다른 규정이 있거나 당사자에게 다른 약정이 있는 경우는 그러하지 아니하다.

제 193 조 [저당목적물의 가치감소] 저당권설정자의 행위가 저당목적물의 가치를 감소시킬 것이 충분히 예상되는 경우, 저당권자는 저당권설정자에게 그 행위의 중지를 요구할 권리를 가진다. 저당목적물의 가치가 감소된 경우, 저당권자는 저당목적물의 가치를 회복시키거나 감소된 가치에 상당한 담보제공을 청구할 권리를 가진다. 저당권설정자가 저당목적물의 가치를 회복하지도 않고 담보제공도 하지 않는 경우, 저당권자는 채무자에게 이행기 도래 전 채무의 변제를 청구할 권리를 가진다.

제 194 조 [저당권 또는 저당권순위의 처분] ① 저당권자는 저당권 또는 저당권의 순위를 포기할 수 있다. 저당권자와 저당권설정자는 협의에 의하여 저당권의 순위 또는 피담보채권액 등의 내용을 변경할 수 있다. 다만, 저당권의 변경은, 다른 저당권자의 서면에 의한 동의를 얻지 않으면, 다른 저당권자에게 불리한 영향을 끼칠 수 없다.
② 채무자가 자기의 재산에 저당권을 설정한 경우, 저당권자가 당해 저당권 또는 저당권의 순위를 포기하거나 저당권을 변경하는 때에는, 다른 담보권설정자는 저당권자가 상실하는 우선변제를 받는 이익의 범위 내에서 담보책임을 면한다. 다만, 다른 담보설정자가 계속 담보로 제공하는 것을 승인한 경우에는 그러하지 아니하다.

제 195 조 [저당권의 실행] ① 채무자가 이행기 도래한 채무를

이행하지 않거나 또는 당사자가 약정한 저당권을 실행하는 사유가 발생한 경우, 저당권자는 저당권설정자와 협의하여 저당목적물을 환가하거나 또는 당해 저당목적물을 경매·임의매각하여 취득한 대금으로부터 우선변제를 받을 수 있다. 협의가 다른 채권자의 이익을 해하는 경우, 다른 채권자는 취소사유를 알았거나 알았어야 하는 날로부터 1년 내에 인민법원에 그 협의의 취소를 청구할 수 있다.
② 저당권자가 저당권설정자와 저당권의 실행방식에 대하여 협의를 하지 못한 경우, 저당권자는 인민법원에 저당목적물의 경매·임의매각을 청구할 수 있다.
③ 저당목적물을 환가 또는 임의매각하는 경우, 시장가격을 참조하여야 한다.

**제 196 조 [집합동산저당권의 객체의 확정]** 이 법 제181조 규정에 따라 저당권을 설정하는 경우, 저당목적물은 다음 각 호의 하나에 해당하는 사유가 발생된 때에 확정된다.
1. 채무의 이행기가 도래하였지만, 채권이 변제되고 있지 않는 사유
2. 저당권설정자가 파산을 선고받았거나 [영업허가가] 취소된 사유
3. 당사자가 약정한 저당권을 실행하는 사유
4. 채권의 실행에 현저히 영향을 미치는 기타 사유

**제 197 조 [저당목적물의 과실]** ① 채무자가 이행기 도래한 채무를 이행하지 않거나 당사자가 약정한 저당권을 실행하는 사유가 발생하여 저당목적물이 인민법원에 의해 법률에 따라 압류된 경우, 압류일로부터 저당권자는 당해 저당목적

물의 천연과실 또는 법정과실을 취득할 권리를 가진다. 다만, 저당권자가 법정과실을 지급하여야 하는 의무자에게 [압류를] 통지하지 않은 경우는 그러하지 아니하다.
② 전항에 규정하는 과실은 먼저 과실수취비용에 충당하여야 한다.

제 198 조 [저당권실행 후의 청산] 저당목적물을 환가 또는 경매·임의매각한 후 취득한 대금이 채권액을 초과하는 경우 그 초과부분은 저당권설정자에 속한다. 부족한 부분은 채무자가 변제한다.

제 199 조 [대금의 배당] 동일재산에 대하여 2인 이상의 채권자를 위하여 저당권이 설정된 경우, 저당목적물을 경매 또는 임의매각하여 취득한 대금은 다음 각 호의 규정에 따라 배당한다.

1. 저당권이 등기되어 있는 경우, 등기의 전후에 따라 배당한다. 순위가 같은 때에는 채권의 비율에 따라 배당한다.
2. 등기된 저당권은 미등기저당권보다 우선하여 배당을 받는다.
3. 저당권이 등기되어 있지 않는 경우, 채권의 비율에 따라 배당한다.

제 200 조 [저당지상의 건축물의 일괄처분의무] 건설용지사용권에 저당권을 설정한 후 당해 토지 위에 새로이 축조된 건축물은 저당목적물이 되지 아니한다. 당해 건설용지사용권에 대하여 저당권을 실행하는 경우, 당해 토지 위에 새로이 축조된 건축물을 건설용지사용권과 함께 처분하여야

한다. 다만, 새로이 축조된 건축물의 처분에 의하여 취득된 대금에 대해서는 저당권자가 우선변제를 받을 권리를 가지지 아니한다.

**제 201 조 [저당권실행 후의 토지이용권의 변경제한]** 이 법 제180조 제1항 제3호의 규정에 따라 토지도급경영권에 저당권을 설정하는 경우, 또는 이 법 제183조 규정에 따라 향·진 또는 촌이 경영하는 기업의 공장건물 등의 건축물이 점용하고 있는 범위 내의 건설용지사용권에도 함께 저당권을 설정하는 경우, 저당권이 실행된 후에는 법정의 절차를 거치지 않고서는 토지소유권의 성질 및 토지용도를 변경하지 못한다.

**제 202 조 [저당권의 행사기간]** 저당권자는 피담보채권의 소송시효기간 내에 저당권을 행사하여야 한다. 행사하지 않는 경우 인민법원은 이를 보호하지 않는다.

## 제2절 근저당권

**제 203 조 [근저당권의 내용]** ① 채무의 이행을 담보하기 위하여 채무자 또는 제3자가 장래의 일정한 기간 내에 계속적으로 발생할 수 있는 채권에 대하여 재산을 담보로 제공한 경우, 채무자가 이행기 도래한 채무를 이행하지 않거나 당사자가 약정한 저당권을 실행하는 사유가 발생한 때에는, 저당권자는 최고 채권액의 한도 내에서 당해 저당목적물로부터 우선변제를 받을 권리를 가진다.

② 근저당권을 설정하기 전에 이미 존재한 채권은 당사자의

합의에 의하여 근저당권이 담보하는 채권의 범위에 넣을 수 있다.

**제 204 조 [근저당권의 피담보채권의 일부양도]** 근저당이 담보하는 채권이 확정되기 전에 피담보채권의 일부를 양도하는 경우, 근저당권은 이전하지 않는다. 다만, 당사자가 다른 약정을 한 경우는 그러하지 아니하다.

**제 205 조 [근저당권의 내용의 변경]** 근저당권의 피담보채권이 확정되기 전에, 근저당권자 및 근저당권설정자는 협의에 의하여 피담보채권의 확정기일·그 채권의 범위 및 최고채권액을 변경할 수 있다. 다만, 변경의 내용이 다른 저당권자에게 불리한 영향을 주어서는 아니 된다.

**제 206 조 [피담보채권의 확정사유]** 다음 각 호의 하나에 해당하는 경우, 저당권자의 피담보채권은 확정된다.

1. 약정한 피담보채권의 확정기일이 도래한 경우
2. 피담보채권의 확정기일을 약정하지 않거나 약정이 불명확하고 근저당권자 또는 근저당권설정자가 근저당권을 설정한 날로부터 2년이 경과한 후에 피담보채권의 확정을 청구한 경우
3. 새로이 피담보채권이 발생할 가능성이 없는 경우
4. 저당재산이 봉인·압류된 경우
5. 채무자 또는 근저당권설정자가 파산선고를 받거나 [영업허가가] 취소된 경우
6. 법률이 규정하는 기타의 피담보채권확정사유가 발생한 경우

제 207 조 [일반저당권 규정의 적용] 근저당권에 대하여는 이 절의 규정 이외에, 이 장 제1절 일반저당권에 관한 규정도 적용한다.

## 제17장 질 권

### 제1절 동산질권

제 208 조 [동산질권의 내용] ① 채무의 이행을 담보하기 위하여 채무자 또는 제3자가 자기 동산을 채권자에게 질물로 제공하여 점유하도록 하고, 채무자가 이행기 도래한 채무를 이행하지 않거나 당사자가 약정한 질권의 실행사유가 발생한 때에는, 채권자는 당해 동산으로부터 우선변제를 받을 권리를 가진다.
② 전항에서 규정하는 채무자 또는 제3자를 질권설정자, 채권자를 질권자, 인도된 동산을 질물이라고 한다.

제 209 조 [질권설정금지동산] 법률·행정법규에 의하여 양도가 금지된 동산에 대해서는 질권을 설정하지 못한다.

제 210 조 [질권설정계약] ① 질권의 설정은 당사자가 서면의 형식으로 질권설정계약을 체결하여야 한다.
② 질권설정계약은 일반적으로 다음 각 호의 사항들을 포함한다.
1. 피담보채권의 종류 및 금액
2. 채무자의 채무이행기
3. 질물의 명칭·수량·품질·상태

4. 피담보채권의 범위
5. 질물의 인도시기

**제 211 조 [유질계약의 금지]** 질권자는, 채무자가 채무를 이행하지 않는 때에는 질물을 채권자의 소유에 귀속시킨다는 것을 채무이행기 도래 전에 질권설정자와 약정하지 못한다.

**제 212 조 [질권의 성립시기]** 질권은 질권설정자가 질물을 인도한 때로부터 그 효력이 발생한다.

**제 213 조 [과실의 수취]** ① 질권자는 질물의 과실을 수취할 권리를 가진다. 다만, 질권설정계약에 다른 약정이 있는 경우는 그러하지 아니하다.
② 전항에서 규정하는 과실은 먼저 과실수취비용에 충당하여야 한다.

**제 214 조 [질물의 무단사용 등]** 질권의 존속기간 중에 질권자가 질권설정자의 동의를 얻지 않고서 무단으로 질물을 사용 또는 처분하여 질권설정자에게 손해를 입힌 경우, 질권자는 그 손해를 배상할 책임을 져야 한다.

**제 215 조 [질물의 보관의무]** ① 질권자는 질물을 선량한 관리자의 주의로써 보관할 의무를 진다. 보관의무에 위반하여 질물을 훼손 또는 멸실한 경우, 질권자는 그 손해를 배상할 책임을 져야 한다.
② 질권자의 행위에 의하여 질물이 훼손 또는 멸실할 우려가 있는 경우, 질권설정자는 질권자에 대하여 질물의 공탁을

청구하거나 채권의 이행기 전의 변제와 함께 질물의 반환을 청구할 수 있다.

제 216 조 [질물의 훼손 또는 현저한 가치감소의 우려가 있는 경우] 질권자에게 책임 없는 사유에 의하여 질물이 훼손되거나 질물의 가치가 현저히 감소될 우려가 있고, 그로 말미암아 질권자의 권리에 위해를 끼칠 수 있는 가능성이 높은 경우, 질권자는 질권설정자에게 그에 상당한 담보의 제공을 청구할 권리를 가진다. 질권설정자가 담보를 제공하지 않는 경우, 질권자는 질물을 경매 또는 임의매각한 후 질권설정자와 협의하여 경매 또는 매각대금을 채권의 이행기 전 변제에 사용하거나 공탁할 수 있다.

제 217 조 [전질] 질권자가 질권의 존속기간 중에 질권설정자의 동의를 얻지 않고서 전질하고, 그로 말미암아 질물이 훼손 또는 멸실한 경우, 질권자는 질권설정자에 대하여 그 손해를 배상할 책임을 져야 한다.

제 218 조 [질권의 포기] 질권자는 질권을 포기할 수 있다. 채무자가 자기의 재산에 질권을 설정한 경우, 질권자가 질권을 포기한 때에는 다른 담보권설정자는 질권자가 상실한 우선변제를 받을 이익의 한도 내에서 담보책임을 면한다. 다만, 다른 담보설정자가 계속 담보제공을 승낙하는 경우는 그러하지 아니하다.

제 219 조 [질권의 효력] ① 채무자가 채무를 이행하였거나 질권설정자가 피담보채권을 이행기 전에 변제한 경우, 질권

자는 질물을 반환하여야 한다.
② 채무자가 이행기 도래한 채무를 이행하지 않거나 당사자가 약정하는 질권의 실행사유가 발생한 경우, 질권자는 질권설정자와의 협의에 의하여 질물을 환가하여 우선변제를 받을 수 있는 외에 질물을 경매 또는 임의매각하여 그 대금으로부터 우선변제를 받을 수 있다.
③ 질물을 환가 또는 임의매각하는 경우, 시장가격을 참조하여야 한다.

**제 220 조 [질권자의 권리불행사]** ① 질권설정자는 채무의 이행기가 도래한 후 질권자에게 지체 없이 질권을 행사할 것을 청구할 수 있다. 질권자가 질권을 행사하지 않는 경우, 질권설정자는 인민법원에 질물의 경매 또는 임의매각을 청구할 수 있다.
② 질권설정자가 질권자에게 지체 없이 질권을 행사하도록 청구하였음에도 질권자가 권리행사를 게을리 하여 손해가 발생한 경우, 질권자는 그 손해를 배상할 책임을 진다.

**제 221 조 [질권실행 후의 청산]** 질물을 환가, 경매 또는 임의매각한 후 취득한 대금이 채권액을 초과하는 경우 그 초과부분은 질권설정자에게 속한다. 부족한 부분은 채무자가 변제한다.

**제 222 조 [근질권]** ① 질권설정자와 질권자는 협의에 의하여 근질권을 설정할 수 있다.
② 근질권은 이 절의 규정을 적용하는 외에 이 법 제16장 제2절 근저당권에 관한 규정을 참조한다.

## 제2절 권리질권

제223조 [권리질권의 목적] 채무자 또는 제3자는 처분권한이 있는 다음의 각 호의 권리에 질권을 설정할 수 있다.

1. 어음·수표·약속어음
2. 채권(債券)·예금증서
3. 창고증권·선하증권
4. 양도 가능한 기금출자지분액·주식
5. 양도 가능한 등록상표전용권·특허권·저작권 등 지적재산권 중의 재산권
6. 외상대금채권
7. 법률·행정법규에 의하여 질권의 설정이 가능한 기타의 재산권

제224조 [어음 등의 질권설정] 어음·수표·약속어음·채권·예금증서·창고증권·선하증권에 질권을 설정하는 경우, 당사자는 서면에 의하여 질권설정계약을 체결하여야 한다. 질권은 권리증서를 질권자에게 교부하는 때로부터 그 효력이 발생한다. 권리증서가 없는 경우, 질권은 관계부서에 질권등기를 한 때로부터 그 효력이 발생한다.

제225조 [어음 등의 질권의 실행] 어음·수표·약속어음·채권·예금증서·창고증권·선하증권의 만기일자 또는 물건의 인도일자가 피담보채무의 이행기보다 먼저 도래한 경우, 질권자는 금전의 지급 또는 물건의 인도를 받을 수 있다. 아울러 질권설정자와의 협의에 의하여 지급받은 대금 또는 인도받은 물건으로부터 이행기 전의 변제를 받거나 공탁할 수 있다.

제 226 조 [기금출자지분액 또는 주식 위의 질권] ① 기금출자지분액 또는 주식에 질권을 설정하는 경우, 당사자는 서면에 의하여 질권설정계약을 체결하여야 한다. 기금출자지분액 또는 증권등기결제기구에 등기를 마친 주식에 질권을 설정하는 경우, 질권은 증권등기결제기구가 질권등기를 처리한 때로부터 그 효력이 발생한다. 기타 주식에 질권을 설정하는 경우, 질권은 상공행정관리부서에 의하여 질권등기가 행해진 때로부터 그 효력이 발생한다.
② 기금출자지분액 또는 주식에 질권을 설정한 경우, 이를 양도하지 못한다. 다만, 질권설정자와 질권자가 협의하여 동의한 경우는 그러하지 아니하다. 질권설정자가 기금출자지분액 또는 주식을 양도하여 취득한 대금은 질권자에 대한 이행기 전의 변제에 사용하거나 공탁하여야 한다.

제 227 조 [지적재산권의 질권] 등록상표전용권·특허권·저작권 등 지적재산권 중의 재산권에 질권을 설정하는 경우, 당사자는 서면에 의하여 질권설정계약을 체결하여야 한다. 질권은 관련 주관부서가 질권등기를 행한 때로부터 그 효력이 발생한다.
② 지적재산권 중의 재산권에 질권을 설정하는 경우, 질권설정자는 이를 양도하거나 타인의 사용을 허용할 수 없다. 다만, 질권설정자와 질권자가 협의하여 동의한 경우는 그러하지 아니하다. 질권설정자가 지적재산권 중의 재산권을 양도 또는 타인의 사용을 허용하여 취득한 대금은 질권자에 대한 이행기 전의 변제에 사용하거나 공탁하여야 한다.

제 228 조 [외상대금채권의 질권] ① 외상대금채권에 질권을

설정하는 경우, 당사자는 서면에 의하여 질권설정계약을 체결하여야 한다. 질권은 신용기관이 질권등기를 행한 때로부터 그 효력이 발생한다.

② 외상대금채권에 질권을 설정하는 경우, 이를 양도하지 못한다. 다만, 질권설정자와 질권자가 협의하여 동의하는 경우는 그러하지 아니하다. 질권설정자가 외상대금채권을 양도하여 취득한 대금은 질권자에 대한 이행기 전의 변제에 사용하거나 공탁하여야 한다.

제229조 [동산질권규정의 적용] 권리질권에는 이 절의 규정을 적용하는 외에, 이 장 제1절 동산질권에 관한 규정을 적용한다.

## 제18장 유치권

제230조 [유치권의 내용] ① 채무자가 이행기 도래한 채무를 이행하지 않는 경우, 채권자는 적법하게 점유하고 있는 채무자의 동산을 유치할 수 있으며, 당해 동산으로부터 우선변제를 받을 권리를 가진다.

② 전항에서 규정하는 채권자는 유치권자, 점유되고 있는 동산을 유치물이라고 한다.

제231조 [유치물과 피담보채권의 견련성] 채권자가 유치하는 동산은 채권과 동일한 법률관계에 속하여야 한다. 다만, 기업간의 유치인 경우는 그러하지 아니하다.

제 232 조 [유치권설정의 제한]  유치할 수 없다고 법률로 규정하거나 당사자가 약정한 동산은 유치하지 못한다.

제 233 조 [분할가능한 유치물]  유치물이 가분물일 경우, 유치물의 가치는 채무액에 상당하여야 한다.

제 234 조 [유치권자의 보관의무]  유치권자는 유치물을 선량한 관리자의 주의로써 보관할 의무를 진다. 보관의무에 위반하여 유치물이 훼손 또는 멸실된 경우, 유치권자는 그 손해를 배상할 책임을 져야 한다.

제 235 조 [과실의 수취]  ① 유치권자는 유치물의 과실을 수취할 권리가 있다.
② 전항에서 규정하는 과실은 먼저 과실수취비용에 충당하여야 한다.

제 236 조 [유치권의 실행]  ① 유치권자와 채무자는 재산을 유치한 후 채무의 이행기를 약정하여야 한다. 약정이 없거나 약정이 불명확한 경우, 유치권자는 채무자에게 2개월 이상의 채무이행기간을 주어야 한다. 그러나 신선물(新鮮物)·생물(生物)·부패하기 쉬운 물건 등 보관하기 어려운 동산은 그러하지 아니하다. 채무자가 기한이 경과하였음에도 채무를 이행하지 않는 경우, 유치권자는 채무자와 협의하여 유치물을 환가하거나 유치물을 경매 또는 임의매각하여 그 대금으로부터 우선변제를 받을 수 있다.
② 유치물을 환가 또는 임의매각하는 경우, 시장가격을 참조하여야 한다.

제 237 조 [채무자의 실행청구권] 채무자는 채무의 이행기도래 후에 유치권을 행사할 것을 유치권자에게 청구할 수 있다. 유치권자가 유치권을 행사하지 않는 경우, 채무자는 인민법원에 유치물을 경매 또는 임의매각을 청구할 수 있다.

제 238 조 [유치권실행 후의 청산] 유치물을 환가, 경매 또는 임의매각한 후 취득한 대금이 채권액을 초과하는 경우 그 초과부분은 채무자의 소유에 속하고, 부족한 부분은 채무자가 변제한다.

제 239 조 [유치권과 질권 또는 저당권과의 우열] 이미 저당권 또는 질권이 설정되어 있는 동일 동산에 다시 유치권이 설정되는 경우, 유치권자가 우선변제를 받을 권리를 가진다.

제 240 조 [유치권의 소멸] 유치권자가 유치물에 대한 점유를 상실하거나 또는 채무자가 따로 제공하는 담보를 수취한 경우, 유치권은 소멸한다.

# 제5편 점 유

## 제19장 점 유

제 241 조 [계약에 의한 점유] 계약관계 등에 기하여 생긴 점유의 경우, 부동산 또는 동산의 사용·수익·위약책임 등

에 관하여는 계약의 약정에 따른다. 계약에 약정하지 않았거나 약정이 불명확한 경우, 관련 법률의 규정에 따른다.

**제 242 조 [악의 점유자의 손해배상책임]** 점유자가 점유하고 있는 부동산 또는 동산을 사용함으로써 당해 부동산 또는 동산에 손해를 입힌 경우, 악의의 점유자는 그 손해를 배상할 책임을 져야 한다.

**제 243 조 [점유물과 과실의 반환청구 및 필요비의 상환]** 부동산 또는 동산이 점유자에 의하여 점유되고 있는 경우, 권리자는 원물과 그 과실의 반환을 청구할 수 있다. 다만, 권리자는 선의의 점유자가 당해 부동산 또는 동산을 유지하기 위해 지출한 필요비를 상환하여야 한다.

**제 244 조 [점유자의 물상대위]** 점유한 부동산 또는 동산이 훼손 또는 멸실되어 당해 부동산 또는 동산의 권리자가 배상을 청구하는 경우, 점유자는 훼손 또는 멸실로 인하여 취득한 보험금·배상금 또는 보상금 등을 권리자에게 반환하여야 한다. 권리자가 입은 손해가 충분히 보상되지 못한 경우, 악의의 점유자는 그 손해를 배상하여야 한다.

**제 245 조 [점유의 소]** ① 점유하고 있는 부동산 또는 동산이 침탈된 경우, 점유자는 원물의 반환을 청구할 권리를 가진다. 점유를 방해하는 행위에 대하여 점유자는 방해의 배제 또는 위험의 제거를 청구할 권리를 가진다. 침탈 또는 방해로 인하여 손해가 발생한 경우, 점유자는 그 손해의 배상을 청구할 권리를 가진다.

② 점유자가 원물반환청구권을 점유가 침탈된 날로부터 1년 이내에 행사하지 않는 경우, 당해 청구권은 소멸한다.

## 부 칙

**제 246 조 [등기제도에 관한 경과조치]** 법률 및 행정법규가 부동산의 통일적인 등기의 [적용]범위·등기기관 및 등기방법을 규정하기까지는 지방의 법규는 이 법의 관련 규정에 따라 이것을 규정할 수 있다.

**제 247 조 [시행일]** 이 법은 2007년 10월 1일부터 시행한다.

# 부록

## 중국물권법 원문

# 中华人民共和国主席令

## 第 六十二 号

≪中华人民共和国物权法≫已由中华人民共和国第十届全国人民代表大会第五次会议于2007年3月16日通过, 现予公布, 自2007年10月1日起施行.

中华人民共和国主席 胡锦涛

2007年3月16日

# 中华人民共和国物权法

(2007年3月16日第十届全国人民代表大会第五次会议通过)

目 录

# 第一编 总 则

## 第一章 基本原则

第一条 为了维护国家基本经济制度, 维护社会主义市场经济秩序, 明确物的归属, 发挥物的效用, 保护权利人的物权, 根据宪法, 制定本法.

第二条 因物的归属和利用而产生的民事关系, 适用本法.

本法所称物, 包括不动产和动产. 法律规定权利作为物权客体的, 依照其规定.

本法所称物权, 是指权利人依法对特定的物享有直接支配和排他的权利, 包括所有权, 用益物权和担保物权.

第三条 国家在社会主义初级阶段, 坚持公有制为主体, 多种所有制经济共同发展的基本经济制度.

国家巩固和发展公有制经济, 鼓励, 支持和引导非公有制经济的发展.

国家实行社会主义市场经济, 保障一切市场主体的平等法律地位和发展权利.

第四条 国家, 集体, 私人的物权和其他权利人的物权受法律保护, 任何单位和个人不得侵犯.

第五条 物权的种类和内容, 由法律规定.

第六条 不动产物权的设立, 变更, 转让和消灭, 应当依照法律规定登记. 动产物权的设立和转让, 应当依照法律规定交付.

第七条 物权的取得和行使, 应当遵守法律, 尊重社会公德, 不得损害公共利益和他人合法权益.

第八条　其他相关法律对物权另有特别规定的, 依照其规定.

## 第二章 物权的设立, 变更, 转让和消灭

### 第一节 不动产登记

第九条　不动产物权的设立, 变更, 转让和消灭, 经依法登记, 发生效力 ; 未经登记, 不发生效力, 但法律另有规定的除外.

依法属于国家所有的自然资源, 所有权可以不登记.

第十条　不动产登记, 由不动产所在地的登记机构办理.

国家对不动产实行统一登记制度. 统一登记的范围, 登记机构和登记办法, 由法律, 行政法规规定.

第十一条　当事人申请登记, 应当根据不同登记事项提供权属证明和不动产界址, 面积等必要材料.

第十二条　登记机构应当履行下列职责 :

(一) 查验申请人提供的权属证明和其他必要材料 ;

(二) 就有关登记事项询问申请人 ;

(三) 如实, 及时登记有关事项 ;

(四) 法律, 行政法规规定的其他职责.

申请登记的不动产的有关情况需要进一步证明的, 登记机构可以要求申请人补充材料, 必要时可以实地查看.

第十三条　登记机构不得有下列行为 :

(一) 要求对不动产进行评估 ;

(二) 以年检等名义进行重复登记 ;

(三) 超出登记职责范围的其他行为.

第十四条　不动产物权的设立, 变更, 转让和消灭, 依照法律规定应当登记的, 自记载于不动产登记簿时发生效力.

第十五条　当事人之间订立有关设立, 变更, 转让和消灭不动产物权的合同, 除法律另有规定或者合同另有约定外, 自合同成立时生效; 未办理物权登记的, 不影响合同效力.

第十六条　不动产登记簿是物权归属和内容的根据. 不动产登记簿由登记机构管理.

第十七条　不动产权属证书是权利人享有该不动产物权的证明. 不动产权属证书记载的事项, 应当与不动产登记簿一致; 记载不一致的, 除有证据证明不动产登记簿确有错误外, 以不动产登记簿为准.

第十八条　权利人, 利害关系人可以申请查询, 复制登记资料, 登记机构应当提供.

第十九条　权利人, 利害关系人认为不动产登记簿记载的事项错误的, 可以申请更正登记. 不动产登记簿记载的权利人书面同意更正或者有证据证明登记确有错误的, 登记机构应当予以更正.

不动产登记簿记载的权利人不同意更正的, 利害关系人可以申请异议登记. 登记机构予以异议登记的, 申请人在异议登记之日起十五日内不起诉, 异议登记失效. 异议登记不当, 造成权利人损害的, 权利人可以向申请人请求损害赔偿.

第二十条　当事人签订买卖房屋或者其他不动产物权的协议, 为保障将来实现物权, 按照约定可以向登记机构申请预告登记. 预告登记后, 未经预告登记的权利人同意, 处分该不动产的, 不发生物权效力.

预告登记后, 债权消灭或者自能够进行不动产登记之日起三个月内未申请登记的, 预告登记失效.

第二十一条　当事人提供虚假材料申请登记, 给他人造成损害的, 应当承担赔偿责任.

因登记错误, 给他人造成损害的, 登记机构应当承担赔偿责任. 登记机构赔偿后, 可以向造成登记错误的人追偿.

第二十二条　不动产登记费按件收取, 不得按照不动产的面积, 体积或者价款的比例收取. 具体收费标准由国务院有关部门会同价格主管部门规定.

## 第二节 动产交付

第二十三条　动产物权的设立和转让, 自交付时发生效力, 但法律另有规定的除外.

第二十四条　船舶, 航空器和机动车等物权的设立, 变更, 转让和消灭, 未经登记, 不得对抗善意第三人.

第二十五条 动产物权设立和转让前, 权利人已经依法占有该动产的, 物权自法律行为生效时发生效力.

第二十六条　动产物权设立和转让前, 第三人依法占有该动产的, 负有交付义务的人可以通过转让请求第三人返还原物的权利代替交付.

第二十七条　动产物权转让时, 双方又约定由出让人继续占有该动产的, 物权自该约定生效时发生效力.

## 第三节 其他规定

第二十八条　因人民法院, 仲裁委员会的法律文书或者人民政府的征收决定等, 导致物权设立, 变更, 转让或者消灭的, 自法律文书或者人民政府的征收决定等生效时发生效力.

第二十九条　因継承或者受遗赠取得物权的, 自継承或者受遗赠开始时发生效力.

第三十条　因合法建造, 拆除房屋等事实行为设立或者消灭物权的, 自事实行为成就时发生效力.

第三十一条　依照本法第二十八条至第三十条规定享有不动产物权的, 处分该物权时, 依照法律规定需要办理登记的, 未经登记, 不发生物权效力.

## 第三章 物权的保护

第三十二条　物权受到侵害的, 权利人可以通过和解, 调解, 仲裁, 诉讼等途径解决.

第三十三条　因物权的归属, 内容发生争议的, 利害关系人可以请求确认权利.

第三十四条　无权占有不动产或者动产的, 权利人可以请求返还原物.

第三十五条　妨害物权或者可能妨害物权的, 权利人可以请求排除妨害或者消除危险.

第三十六条　造成不动产或者动产毁损的, 权利人可以请求修理, 重作, 更换或者恢复原状.

第三十七条　侵害物权, 造成权利人损害的, 权利人可以请求损害赔偿, 也可以请求承担其他民事责任.

第三十八条　本章规定的物权保护方式, 可以单独适用, 也可以根据权利被侵害的情形合并适用.

侵害物权, 除承担民事责任外, 违反行政管理规定的, 依法承担行政责任；构成犯罪的, 依法追究刑事责任.

# 第二编 所有权

## 第四章 一般规定

第三十九条　所有权人对自己的不动产或者动产, 依法享有占有, 使用, 收益和处分的权利.

第四十条　所有权人有权在自己的不动产或者动产上设立用益物权和担保物权. 用益物权人, 担保物权人行使权利, 不得损害所有权人的权益.

第四十一条　法律规定专属于国家所有的不动产和动产, 任何单位和个人不能取得所有权.

第四十二条　为了公共利益的需要, 依照法律规定的权限和程序可以征收集体所有的土地和单位, 个人的房屋及其他不动产.

征收集体所有的土地, 应当依法足额支付土地补偿费, 安置补助费, 地上附着物和青苗的补偿费等费用, 安排被征地农民的社会保障费用, 保障被征地农民的生活, 维护被征地农民的合法权益.

征收单位, 个人的房屋及其他不动产, 应当依法给予拆迁补偿, 维护被征收人的合法权益；征收个人住宅的, 还应当保障被征收人的居住条件.

任何单位和个人不得贪污, 挪用, 私分, 截留, 拖欠征收补偿费等费用.

第四十三条　国家对耕地实行特殊保护, 严格限制农用地转为建设用地, 控制建设用地总量. 不得违反法律规定的权限和程序征收集体所有的土地.

第四十四条　因抢险, 救灾等紧急需要, 依照法律规定的权限和程序可以征用单位, 个人的不动产或者动产. 被征用的不动产或者动产使用后, 应当返还被征用人. 单位, 个人的不动产或者动产被征用或者征用后毁损, 灭失的, 应当给予补偿.

## 第五章 国家所有权和集体所有权, 私人所有权

第四十五条　法律规定属于国家所有的财产, 属于国家所有即全民所有.

国有财产由国务院代表国家行使所有权；法律另有规定的, 依照其规定.

第四十六条　矿藏, 水流, 海域属于国家所有.

第四十七条　城市的土地, 属于国家所有. 法律规定属于国家所有的农村和城市郊区的土地, 属于国家所有.

第四十八条　森林, 山岭, 草原, 荒地, 滩涂等自然资源, 属于国家所有, 但法律规定属于集体所有的除外.

第四十九条　法律规定属于国家所有的野生动植物资源, 属于国家所有.

第五十条　无线电频谱资源属于国家所有.

第五十一条　法律规定属于国家所有的文物, 属于国家所有.

第五十二条　国防资产属于国家所有.

铁路, 公路, 电力设施, 电信设施和油气管道等基础设施, 依照法律规定为国家所有的, 属于国家所有.

第五十三条　国家机关对其直接支配的不动产和动产, 享有占有, 使用以及依照法律和国务院的有关规定处分的权利.

第五十四条　国家举办的事业单位对其直接支配的不动产和动产, 享有占有, 使用以及依照法律和国务院的有关规定收益, 处分的权利.

第五十五条　国家出资的企业, 由国务院, 地方人民政府依照法律, 行政法规规定分别代表国家履行出资人职责, 享有出资人权益.

第五十六条　国家所有的财产受法律保护, 禁止任何单位和个人侵占, 哄抢, 私分, 截留, 破坏.

第五十七条　履行国有财产管理, 监督职责的机构及其工作人员, 应当依法加强对国有财产的管理, 监督, 促进国有财产保值增值, 防止国有财产损失；滥用职权, 玩忽职守, 造成国有财产损失的, 应当依法承担法律责任.

违反国有财产管理规定, 在企业改制, 合并分立, 关联交易等过程中, 低价转让, 合谋私分, 擅自担保或者以其他方式造成国有财产损失的, 应当依法承担法律责任.

第五十八条　集体所有的不动产和动产包括：

（一）法律规定属于集体所有的土地和森林, 山岭, 草原, 荒地, 滩涂；

（二）集体所有的建筑物, 生产设施, 农田水利设施；

（三）集体所有的教育, 科学, 文化, 卫生, 体育等设施；

（四）集体所有的其他不动产和动产.

第五十九条　农民集体所有的不动产和动产, 属于本集体成员集体所有.

下列事项应当依照法定程序经本集体成员决定:

(一) 土地承包方案以及将土地发包给本集体以外的单位或者个人承包;

(二) 个别土地承包经营权人之间承包地的调整;

(三) 土地补偿费等费用的使用, 分配办法;

(四) 集体出资的企业的所有权变动等事项;

(五) 法律规定的其他事项.

第六十条　对于集体所有的土地和森林, 山岭, 草原, 荒地, 滩涂等, 依照下列规定行使所有权:

(一) 属于村农民集体所有的, 由村集体经济组织或者村民委员会代表集体行使所有权;

(二) 分别属于村内两个以上农民集体所有的, 由村内各该集体经济组织或者村民小组代表集体行使所有权;

(三) 属于乡镇农民集体所有的, 由乡镇集体经济组织代表集体行使所有权.

第六十一条　城镇集体所有的不动产和动产, 依照法律, 行政法规的规定由本集体享有占有, 使用, 收益和处分的权利.

第六十二条　集体经济组织或者村民委员会, 村民小组应当依照法律, 行政法规以及章程, 村规民约向本集体成员公布集体财产的状况.

第六十三条　集体所有的财产受法律保护, 禁止任何单位和个人侵占, 哄抢, 私分, 破坏.

集体经济组织, 村民委员会或者其负责人作出的决定侵害集体成员合法权益的, 受侵害的集体成员可以请求人民法院予以撤销.

第六十四条　私人对其合法的收入, 房屋, 生活用品, 生产工具, 原材料等不动产和动产享有所有权.

第六十五条　私人合法的储蓄, 投资及其收益受法律保护.

国家依照法律规定保护私人的継承权及其他合法权益.

第六十六条　私人的合法财产受法律保护, 禁止任何单位和个人侵占, 哄抢, 破坏.

第六十七条　国家, 集体和私人依法可以出资设立有限责任公司, 股份有限公司或者其他企业. 国家, 集体和私人所有的不动产或者动产, 投到企业的, 由出资人按照约定或者出资比例享有资产收益, 重大决策以及选择经营管理者等权利并履行义务.

第六十八条　企业法人对其不动产和动产依照法律, 行政法规以及章程享有占有, 使用, 收益和处分的权利.

企业法人以外的法人, 对其不动产和动产的权利, 适用有关法律, 行政法规以及章程的规定.

第六十九条　社会团体依法所有的不动产和动产, 受法律保护.

## 第六章 业主的建筑物区分所有权

第七十条　业主对建筑物内的住宅, 经营性用房等专有部分享有所有权, 对专有部分以外的共有部分享有共有和共同管理的权利.

第七十一条　业主对其建筑物专有部分享有占有, 使用, 收益和处分的权利. 业主行使权利不得危及建筑物的安全, 不得损害其他业主的合法权益.

第七十二条　业主对建筑物专有部分以外的共有部分, 享有权利, 承担义务; 不得以放弃权利不履行义务.

业主转让建筑物内的住宅, 经营性用房, 其对共有部分享有的共有和共同管理的权利一并转让.

第七十三条　建筑区划内的道路, 属于业主共有, 但属于城镇公共道路的除外. 建筑区划内的绿地, 属于业主共有, 但属于城镇公共绿地或者明示属于个人的除外. 建筑区划内的其他公共场所, 公用设施和物业服务用房, 属于业主共有.

第七十四条　建筑区划内, 规划用于停放汽车的车位, 车库应当首先满足业主的需要.

建筑区划内, 规划用于停放汽车的车位, 车库的归属, 由当事人通过出售, 附赠或者出租等方式约定.

占用业主共有的道路或者其他场地用于停放汽车的车位, 属于业主共有.

第七十五条　业主可以设立业主大会, 选举业主委员会.

地方人民政府有关部门应当对设立业主大会和选举业主委员会给予指导和协助.

第七十六条　下列事项由业主共同决定:

(一) 制定和修改业主大会议事规则;

(二) 制定和修改建筑物及其附属设施的管理规约;

(三) 选举业主委员会或者更换业主委员会成员;

(四) 选聘和解聘物业服务企业或者其他管理人;

(五) 筹集和使用建筑物及其附属设施的维修资金;

(六) 改建, 重建建筑物及其附属设施;

(七) 有关共有和共同管理权利的其他重大事项.

决定前款第五项和第六项规定的事项, 应当经专有部分占建筑物总面积三分之二以上的业主且占总人数三分之二以上的业主同意. 决定前款其他事项, 应当经专有部分占建筑物总面积过半数的业主且占总人数过半数的业主同意.

第七十七条　业主不得违反法律, 法规以及管理规约, 将住宅改变为经营性用房. 业主将住宅改变为经营性用房的, 除遵守法律, 法规以及管理规约外, 应当经有利害关系的业主同意.

第七十八条　业主大会或者业主委员会的决定, 对业主具有约束力.

业主大会或者业主委员会作出的决定侵害业主合法权益的, 受侵害的业主可以请求人民法院予以撤销.

第七十九条　建筑物及其附属设施的维修资金, 属于业主共有. 经业主共同决定, 可以用于电梯, 水箱等共有部分的维修. 维修资金的筹集, 使用情况应当公布.

第八十条　建筑物及其附属设施的费用分摊, 收益分配等事项, 有约定的, 按照约定 ; 没有约定或者约定不明确的, 按照业主专有部分占建筑物总面积的比例确定.

第八十一条　业主可以自行管理建筑物及其附属设施, 也可以委托物业服务企业或者其他管理人管理.

对建设单位聘请的物业服务企业或者其他管理人, 业主有权依法更换.

第八十二条　物业服务企业或者其他管理人根据业主的委托管理建筑区划内的建筑物及其附属设施, 并接受业主的监督.

第八十三条　业主应当遵守法律, 法规以及管理规约.

业主大会和业主委员会, 对任意弃置垃圾, 排放污染物或者噪声, 违反规定饲养动物, 违章搭建, 侵占通道, 拒付物业费等损害他人合法权益的行为, 有权依照法律, 法规以及管理规约, 要求行为人停止侵害, 消除危险, 排除妨害, 赔偿损失. 业主对侵害自己合法权益的行为, 可以依法向人民法院提起诉讼.

## 第七章 相邻关系

第八十四条　不动产的相邻权利人应当按照有利生产, 方便生活, 团结互助, 公平合理的原则, 正确处理相邻关系.

第八十五条　法律, 法规对处理相邻关系有规定的, 依照其规定; 法律, 法规没有规定的, 可以按照当地习惯.

第八十六条　不动产权利人应当为相邻权利人用水, 排水提供必要的便利.

对自然流水的利用, 应当在不动产的相邻权利人之间合理分配. 对自然流水的排放, 应当尊重自然流向.

第八十七条　不动产权利人对相邻权利人因通行等必须利用其土地的, 应当提供必要的便利.

第八十八条　不动产权利人因建造, 修缮建筑物以及铺设电线, 电缆, 水管, 暖气和燃气管线等必须利用相邻土地, 建筑物的, 该土地, 建筑物的权利人应当提供必要的便利.

第八十九条　建造建筑物, 不得违反国家有关工程建设标准, 妨碍相邻建筑物的通风, 采光和日照.

第九十条　不动产权利人不得违反国家规定弃置固体废物, 排放大气污染物, 水污染物, 噪声, 光, 电磁波辐射等有害物质.

第九十一条　不动产权利人挖掘土地, 建造建筑物, 铺设管线以及安装设备等, 不得危及相邻不动产的安全.

第九十二条　不动产权利人因用水, 排水, 通行, 铺设管线等利用相邻不动产的, 应当尽量避免对相邻的不动产权利人造成损害；造成损害的, 应当给予赔偿.

## 第八章 共　有

第九十三条　不动产或者动产可以由两个以上单位, 个人共有. 共有包括按份共有和共同共有.

第九十四条　按份共有人对共有的不动产或者动产按照其份额享有所有权.

第九十五条　共同共有人对共有的不动产或者动产共同享有所有权.

第九十六条　共有人按照约定管理共有的不动产或者动产；没有约定或者约定不明确的, 各共有人都有管理的权利和义务.

第九十七条　处分共有的不动产或者动产以及对共有的不动产或者动产作重大修缮的, 应当经占份额三分之二以上的按份共有人或者全体共同共有人同意, 但共有人之间另有约定的除外.

第九十八条　对共有物的管理费用以及其他负担, 有约定的, 按照约定；没有约定或者约定不明确的, 按份共有人按照其份额负担, 共同共有人共同负担.

第九十九条　共有人约定不得分割共有的不动产或者动产, 以维持共有关系的, 应当按照约定, 但共有人有重大理由需要分割的, 可以请求分割；没有约定或者约定不明确的, 按份共有人可以随时请求分割, 共同共有人在共有的基础丧失或者有重大理由需要分割时可以请求分割. 因分割对其他共有人造成损害的,应当给予赔偿.

第一百条　共有人可以协商确定分割方式. 达不成协议, 共有的不动产或者动产可以分割并且不会因分割减损价值的, 应当对实物予以分割; 难以分割或者因分割会减损价值的, 应当对折价或者拍卖, 变卖取得的价款予以分割.

共有人分割所得的不动产或者动产有瑕疵的, 其他共有人应当分担损失.

第一百零一条　按份共有人可以转让其享有的共有的不动产或者动产份额. 其他共有人在同等条件下享有优先购买的权利.

第一百零二条　因共有的不动产或者动产产生的债权债务, 在对外关系上, 共有人享有连带债权, 承担连带债务, 但法律另有规定或者第三人知道共有人不具有连带债权债务关系的除外; 在共有人内部关系上, 除共有人另有约定外, 按份共有人按照份额享有债权, 承担债务, 共同共有人共同享有债权, 承担债务. 偿还债务超过自己应当承担份额的按份共有人, 有权向其他共有人追偿.

第一百零三条　共有人对共有的不动产或者动产没有约定为按份共有或者共同共有, 或者约定不明确的, 除共有人具有家庭关系等外, 视为按份共有.

第一百零四条　按份共有人对共有的不动产或者动产享有的份额, 没有约定或者约定不明确的, 按照出资额确定; 不能确定出资额的, 视为等额享有.

第一百零五条　两个以上单位, 个人共同享有用益物权, 担保物权的, 参照本章规定.

# 第九章 所有权取得的特别规定

第一百零六条 无处分权人将不动产或者动产转让给受让人的，所有权人有权追回；除法律另有规定外，符合下列情形的，受让人取得该不动产或者动产的所有权：

（一）受让人受让该不动产或者动产时是善意的；

（二）以合理的价格转让；

（三）转让的不动产或者动产依照法律规定应当登记的已经登记，不需要登记的已经交付给受让人.

受让人依照前款规定取得不动产或者动产的所有权的，原所有权人有权向无处分权人请求赔偿损失.

当事人善意取得其他物权的，参照前两款规定.

第一百零七条 所有权人或者其他权利人有权追回遗失物. 该遗失物通过转让被他人占有的，权利人有权向无处分权人请求损害赔偿，或者自知道或者应当知道受让人之日起二年内向受让人请求返还原物，但受让人通过拍卖或者向具有经营资格的经营者购得该遗失物的，权利人请求返还原物时应当支付受让人所付的费用. 权利人向受让人支付所付费用后，有权向无处分权人追偿.

第一百零八条 善意受让人取得动产后，该动产上的原有权利消灭，但善意受让人在受让时知道或者应当知道该权利的除外.

第一百零九条 拾得遗失物，应当返还权利人. 拾得人应当及时通知权利人领取，或者送交公安等有关部门.

第一百一十条 有关部门收到遗失物，知道权利人的，应当及时通知其领取；不知道的，应当及时发布招领公告.

第一百一十一条 拾得人在遗失物送交有关部门前，有关部门在遗失物被领取前，应当妥善保管遗失物. 因故意或者重大过失致使遗失物毁损, 灭失的, 应当承担民事责任.

第一百一十二条　权利人领取遗失物时, 应当向拾得人或者有关部门支付保管遗失物等支出的必要费用.

权利人悬赏寻找遗失物的, 领取遗失物时应当按照承诺履行义务.

拾得人侵占遗失物的, 无权请求保管遗失物等支出的费用, 也无权请求权利人按照承诺履行义务.

第一百一十三条　遗失物自发布招领公告之日起六个月内无人认领的, 归国家所有.

第一百一十四条　拾得漂流物, 发现埋藏物或者隐藏物的, 参照拾得遗失物的有关规定. 文物保护法等法律另有规定的, 依照其规定.

第一百一十五条　主物转让的, 从物随主物转让, 但当事人另有约定的除外.

第一百一十六条　天然孳息, 由所有权人取得；既有所有权人又有用益物权人的, 由用益物权人取得. 当事人另有约定的, 按照约定.

法定孳息, 当事人有约定的, 按照约定取得；没有约定或者约定不明确的, 按照交易习惯取得.

# 第三编 用益物权

## 第十章 一般规定

第一百一十七条　用益物权人对他人所有的不动产或者动产, 依法享有占有, 使用和收益的权利.

第一百一十八条　国家所有或者国家所有由集体使用以及法律规定属于集体所有的自然资源, 单位, 个人依法可以占有, 使用和收益.

第一百一十九条　国家实行自然资源有偿使用制度, 但法律另有规定的除外.

第一百二十条　用益物权人行使权利, 应当遵守法律有关保护和合理开发利用资源的规定. 所有权人不得干涉用益物权人行使权利.

第一百二十一条　因不动产或者动产被征收, 征用致使用益物权消灭或者影响用益物权行使的, 用益物权人有权依照本法第四十二条, 第四十四条的规定获得相应补偿.

第一百二十二条　依法取得的海域使用权受法律保护.

第一百二十三条　依法取得的探矿权, 采矿权, 取水权和使用水域, 滩涂从事养殖, 捕捞的权利受法律保护.

## 第十一章 土地承包经营权

第一百二十四条　农村集体经济组织实行家庭承包经营为基础, 统分结合的双层经营体制.

农民集体所有和国家所有由农民集体使用的耕地, 林地, 草地以及其他用于农业的土地, 依法实行土地承包经营制度.

第一百二十五条　土地承包经营权人依法对其承包经营的耕地, 林地, 草地等享有占有, 使用和收益的权利, 有权从事种植业, 林业, 畜牧业等农业生产.

第一百二十六条　耕地的承包期为三十年. 草地的承包期为三十年至五十年.　林地的承包期为三十年至七十年；特殊林木的林地承包期, 经国务院林业行政主管部门批准可以延长.

前款规定的承包期届满, 由土地承包经营权人按照国家有关规定継续承包.

第一百二十七条　土地承包经营权自土地承包经营权合同生效时设立.

县级以上地方人民政府应当向土地承包经营权人发放土地承包经营权证, 林权证, 草原使用权证, 并登记造册, 确认土地承包经营权.

第一百二十八条　土地承包经营权人依照农村土地承包法的规定, 有权将土地承包经营权采取转包, 互换, 转让等方式流转. 流转的期限不得超过承包期的剩余期限. 未经依法批准, 不得将承包地用于非农建设.

第一百二十九条　土地承包经营权人将土地承包经营权互换, 转让, 当事人要求登记的, 应当向县级以上地方人民政府申请土地承包经营权变更登记；未经登记, 不得对抗善意第三人.

第一百三十条　承包期内发包人不得调整承包地.

因自然灾害严重毁损承包地等特殊情形, 需要适当调整承包的耕地和草地的, 应当依照农村土地承包法等法律规定办理.

第一百三十一条　承包期内发包人不得收回承包地. 农村土地承包法等法律另有规定的, 依照其规定.

第一百三十二条　承包地被征收的, 土地承包经营权人有权依照本法第四十二条第二款的规定获得相应补偿.

第一百三十三条　通过招标, 拍卖, 公开协商等方式承包荒地等农村土地, 依照农村土地承包法等法律和国务院的有关规定, 其土地承包经营权可以转让, 入股, 抵押或者以其他方式流转.

第一百三十四条　国家所有的农用地实行承包经营的, 参照本法的有关规定.

## 第十二章 建设用地使用权

第一百三十五条　建设用地使用权人依法对国家所有的土地享有占有, 使用和收益的权利, 有权利用该土地建造建筑物, 构筑物及其附属设施.

第一百三十六条　建设用地使用权可以在土地的地表, 地上或者地下分别设立. 新设立的建设用地使用权, 不得损害已设立的用益物权.

第一百三十七条　设立建设用地使用权, 可以采取出让或者划拨等方式.

工业, 商业, 旅游, 娱乐和商品住宅等经营性用地以及同一土地有两个以上意向用地者的, 应当采取招标, 拍卖等公开竞价的方式出让.

严格限制以划拨方式设立建设用地使用权. 采取划拨方式的, 应当遵守法律, 行政法规关于土地用途的规定.

第一百三十八条　采取招标, 拍卖, 协议等出让方式设立建设用地使用权的, 当事人应当采取书面形式订立建设用地使用权出让合同.

建设用地使用权出让合同一般包括下列条款:

(一) 当事人的名称和住所;

(二) 土地界址, 面积等;

（三）建筑物, 构筑物及其附属设施占用的空间；
（四）土地用途；
（五）使用期限；
（六）出让金等费用及其支付方式；
（七）解决争议的方法.

第一百三十九条　设立建设用地使用权的, 应当向登记机构申请建设用地使用权登记. 建设用地使用权自登记时设立. 登记机构应当向建设用地使用权人发放建设用地使用权证书.

第一百四十条　建设用地使用权人应当合理利用土地, 不得改变土地用途；需要改变土地用途的, 应当依法经有关行政主管部门批准.

第一百四十一条　建设用地使用权人应当依照法律规定以及合同约定支付出让金等费用.

第一百四十二条　建设用地使用权人建造的建筑物, 构筑物及其附属设施的所有权属于建设用地使用权人, 但有相反证据证明的除外.

第一百四十三条　建设用地使用权人有权将建设用地使用权转让, 互换, 出资, 赠与或者抵押, 但法律另有规定的除外.

第一百四十四条　建设用地使用权转让, 互换, 出资, 赠与或者抵押的, 当事人应当采取书面形式订立相应的合同. 使用期限由当事人约定, 但不得超过建设用地使用权的剩余期限.

第一百四十五条　建设用地使用权转让, 互换, 出资或者赠与的, 应当向登记机构申请变更登记.

第一百四十六条　建设用地使用权转让, 互换, 出资或者赠与的, 附着于该土地上的建筑物, 构筑物及其附属设施一并处分.

第一百四十七条　建筑物, 构筑物及其附属设施转让, 互换, 出资或者赠与的, 该建筑物, 构筑物及其附属设施占用范围内的建设用地使用权一并处分.

第一百四十八条　建设用地使用权期间届满前, 因公共利益需要提前收回该土地的, 应当依照本法第四十二条的规定对该土地上的房屋及其他不动产给予补偿, 并退还相应的出让金.

第一百四十九条　住宅建设用地使用权期间届满的, 自动续期.

非住宅建设用地使用权期间届满后的续期, 依照法律规定办理. 该土地上的房屋及其他不动产的归属, 有约定的, 按照约定；没有约定或者约定不明确的, 依照法律, 行政法规的规定办理.

第一百五十条　建设用地使用权消灭的, 出让人应当及时办理注销登记. 登记机构应当收回建设用地使用权证书.

第一百五十一条　集体所有的土地作为建设用地的, 应当依照土地管理法等法律规定办理.

## 第十三章　宅基地使用权

第一百五十二条　宅基地使用权人依法对集体所有的土地享有占有和使用的权利, 有权依法利用该土地建造住宅及其附属设施.

第一百五十三条　宅基地使用权的取得, 行使和转让, 适用土地管理法等法律和国家有关规定.

第一百五十四条　宅基地因自然灾害等原因灭失的, 宅基地使用权消灭. 对失去宅基地的村民, 应当重新分配宅基地.

第一百五十五条　已经登记的宅基地使用权转让或者消灭的, 应当及时办理变更登记或者注销登记.

## 第十四章 地役权

第一百五十六条　地役权人有权按照合同约定, 利用他人的不动产,以提高自己的不动产的效益.

前款所称他人的不动产为供役地, 自己的不动产为需役地.

第一百五十七条　设立地役权, 当事人应当采取书面形式订立地役权合同.

地役权合同一般包括下列条款:

(一) 当事人的姓名或者名称和住所;
(二) 供役地和需役地的位置;
(三) 利用目的和方法;
(四) 利用期限;
(五) 费用及其支付方式;
(六) 解决争议的方法.

第一百五十八条　地役权自地役权合同生效时设立. 当事人要求登记的, 可以向登记机构申请地役权登记; 未经登记, 不得对抗善意第三人.

第一百五十九条　供役地权利人应当按照合同约定, 允许地役权人利用其土地, 不得妨害地役权人行使权利.

第一百六十条　地役权人应当按照合同约定的利用目的和方法利用供役地, 尽量减少对供役地权利人物权的限制.

第一百六十一条　地役权的期限由当事人约定, 但不得超过土地承包经营权, 建设用地使用权等用益物权的剩余期限.

第一百六十二条　土地所有权人享有地役权或者负担地役权的, 设立土地承包经营权, 宅基地使用权时, 该土地承包经营权人, 宅基地使用权人继续享有或者负担已设立的地役权.

第一百六十三条　土地上已设立土地承包经营权, 建设用地使用权, 宅基地使用权等权利的, 未经用益物权人同意, 土地所有权人不得设立地役权.

第一百六十四条　地役权不得单独转让. 土地承包经营权, 建设用地使用权等转让的, 地役权一并转让, 但合同另有约定的除外.

第一百六十五条　地役权不得单独抵押. 土地承包经营权, 建设用地使用权等抵押的, 在实现抵押权时, 地役权一并转让.

第一百六十六条　需役地以及需役地上的土地承包经营权, 建设用地使用权部分转让时, 转让部分涉及地役权的, 受让人同时享有地役权.

第一百六十七条　供役地以及供役地上的土地承包经营权, 建设用地使用权部分转让时, 转让部分涉及地役权的, 地役权对受让人具有约束力.

第一百六十八条　地役权人有下列情形之一的, 供役地权利人有权解除地役权合同, 地役权消灭：

（一）违反法律规定或者合同约定, 滥用地役权；

（二）有偿利用供役地, 约定的付款期间届满后在合理期限内经两次催告未支付费用.

第一百六十九条　已经登记的地役权变更, 转让或者消灭的, 应当及时办理变更登记或者注销登记.

# 第四编 担保物权

## 第十五章 一般规定

第一百七十条　担保物权人在债务人不履行到期债务或者发生当事人约定的实现担保物权的情形, 依法享有就担保财产优先受偿的权利, 但法律另有规定的除外.

第一百七十一条　债权人在借贷, 买卖等民事活动中, 为保障实现其债权, 需要担保的, 可以依照本法和其他法律的规定设立担保物权.

第三人为债务人向债权人提供担保的, 可以要求债务人提供反担保. 反担保适用本法和其他法律的规定.

第一百七十二条　设立担保物权, 应当依照本法和其他法律的规定订立担保合同. 担保合同是主债权债务合同的从合同. 主债权债务合同无效, 担保合同无效, 但法律另有规定的除外.

担保合同被确认无效后, 债务人, 担保人, 债权人有过错的, 应当根据其过错各自承担相应的民事责任.

第一百七十三条　担保物权的担保范围包括主债权及其利息, 违约金, 损害赔偿金, 保管担保财产和实现担保物权的费用. 当事人另有约定的, 按照约定.

第一百七十四条　担保期间, 担保财产毁损, 灭失或者被征收等, 担保物权人可以就获得的保险金, 赔偿金或者补偿金等优先受偿. 被担保债权的履行期未届满的, 也可以提存该保险金, 赔偿金或者补偿金等.

第一百七十五条　第三人提供担保, 未经其书面同意, 债权人允许债务人转移全部或者部分债务的, 担保人不再承担相应的担保责任.

第一百七十六条　被担保的债权既有物的担保又有人的担保的, 债务人不履行到期债务或者发生当事人约定的实现担保物权的情形, 债权人应当按照约定实现债权；没有约定或者约定不明确, 债务人自己提供物的担保的, 债权人应当先就该物的担保实现债权；第三人提供物的担保的, 债权人可以就物的担保实现债权, 也可以要求保证人承担保证责任. 提供担保的第三人承担担保责任后, 有权向债务人追偿.

第一百七十七条　有下列情形之一的, 担保物权消灭：

(一) 主债权消灭；

(二) 担保物权实现；

(三) 债权人放弃担保物权；

(四) 法律规定担保物权消灭的其他情形.

第一百七十八条 担保法与本法的规定不一致的, 适用本法.

# 第十六章 抵押权

## 第一节 一般抵押权

第一百七十九条　为担保债务的履行, 债务人或者第三人不转移财产的占有, 将该财产抵押给债权人的, 债务人不履行到期债务或者发生当事人约定的实现抵押权的情形, 债权人有权就该财产优先受偿.

前款规定的债务人或者第三人为抵押人, 债权人为抵押权人, 提供担保的财产为抵押财产.

第一百八十条　债务人或者第三人有权处分的下列财产可以抵押：

（一）建筑物和其他土地附着物；

（二）建设用地使用权；

（三）以招标, 拍卖, 公开协商等方式取得的荒地等土地承包经营权；

（四）生产设备, 原材料, 半成品, 产品；

（五）正在建造的建筑物, 船舶, 航空器；

（六）交通运输工具；

（七）法律, 行政法规未禁止抵押的其他财产.

抵押人可以将前款所列财产一并抵押.

第一百八十一条 经当事人书面协议, 企业, 个体工商户, 农业生产经营者可以将现有的以及将有的生产设备, 原材料, 半成品, 产品抵押, 债务人不履行到期债务或者发生当事人约定的实现抵押权的情形, 债权人有权就实现抵押权时的动产优先受偿.

第一百八十二条 以建筑物抵押的, 该建筑物占用范围内的建设用地使用权一并抵押. 以建设用地使用权抵押的, 该土地上的建筑物一并抵押.

抵押人未依照前款规定一并抵押的, 未抵押的财产视为一并抵押.

第一百八十三条 乡镇, 村企业的建设用地使用权不得单独抵押. 以乡镇, 村企业的厂房等建筑物抵押的, 其占用范围内的建设用地使用权一并抵押.

第一百八十四条 下列财产不得抵押：

（一）土地所有权；

（二）耕地, 宅基地, 自留地, 自留山等集体所有的土地使用权, 但法律规定可以抵押的除外；

（三）学校, 幼儿园, 医院等以公益为目的的事业单位, 社会团体的教育设施, 医疗卫生设施和其他社会公益设施；

(四) 所有权, 使用权不明或者有争议的财产；

(五) 依法被查封, 扣押, 监管的财产；

(六) 法律, 行政法规规定不得抵押的其他财产.

第一百八十五条　设立抵押权, 当事人应当采取书面形式订立抵押合同.

抵押合同一般包括下列条款：

(一) 被担保债权的种类和数额；

(二) 债务人履行债务的期限；

(三) 抵押财产的名称, 数量, 质量, 状况, 所在地, 所有权归属或者使用权归属；

(四) 担保的范围.

第一百八十六条　抵押权人在债务履行期届满前, 不得与抵押人约定债务人不履行到期债务时抵押财产归债权人所有.

第一百八十七条　以本法第一百八十条第一款第一项至第三项规定的财产或者第五项规定的正在建造的建筑物抵押的, 应当办理抵押登记. 抵押权自登记时设立.

第一百八十八条　以本法第一百八十条第一款第四项, 第六项规定的财产或者第五项规定的正在建造的船舶, 航空器抵押的, 抵押权自抵押合同生效时设立；未经登记, 不得对抗善意第三人.

第一百八十九条　企业, 个体工商户, 农业生产经营者以本法第一百八十一条规定的动产抵押的, 应当向抵押人住所地的工商行政管理部门办理登记. 抵押权自抵押合同生效时设立；未经登记, 不得对抗善意第三人.

依照本法第一百八十一条规定抵押的, 不得对抗正常经营活动中已支付合理价款并取得抵押财产的买受人.

第一百九十条　订立抵押合同前抵押财产已出租的, 原租赁关系不受该抵押权的影响. 抵押权设立后抵押财产出租的, 该租赁关系不得对抗已登记的抵押权.

第一百九十一条 抵押期间, 抵押人经抵押权人同意转让抵押财产的, 应当将转让所得的价款向抵押权人提前清偿债务或者提存. 转让的价款超过债权数额的部分归抵押人所有, 不足部分由债务人清偿.

抵押期间, 抵押人未经抵押权人同意, 不得转让抵押财产, 但受让人代为清偿债务消灭抵押权的除外.

第一百九十二条 抵押权不得与债权分离而单独转让或者作为其他债权的担保. 债权转让的, 担保该债权的抵押权一并转让, 但法律另有规定或者当事人另有约定的除外.

第一百九十三条 抵押人的行为足以使抵押财产价值减少的, 抵押权人有权要求抵押人停止其行为. 抵押财产价值减少的, 抵押权人有权要求恢复抵押财产的价值, 或者提供与减少的价值相应的担保. 抵押人不恢复抵押财产的价值也不提供担保的, 抵押权人有权要求债务人提前清偿债务.

第一百九十四条 抵押权人可以放弃抵押权或者抵押权的顺位. 抵押权人与抵押人可以协议变更抵押权顺位以及被担保的债权数额等内容, 但抵押权的变更, 未经其他抵押权人书面同意, 不得对其他抵押权人产生不利影响.

债务人以自己的财产设定抵押, 抵押权人放弃该抵押权, 抵押权顺位或者变更抵押权的, 其他担保人在抵押权人丧失优先受偿权益的范围内免除担保责任, 但其他担保人承诺仍然提供担保的除外.

第一百九十五条 债务人不履行到期债务或者发生当事人约定的实现抵押权的情形, 抵押权人可以与抵押人协议以抵押财产折价或者以拍卖, 变卖该抵押财产所得的价款优先受偿. 协议损害其他债权人利益的, 其他债权人可以在知道或者应当知道撤销事由之日起一年内请求人民法院撤销该协议.

抵押权人与抵押人未就抵押权实现方式达成协议的, 抵押权人可以请求人民法院拍卖, 变卖抵押财产.

抵押财产折价或者变卖的, 应当参照市场价格.

第一百九十六条　依照本法第一百八十一条规定设定抵押的, 抵押财产自下列情形之一发生时确定:

（一）债务履行期届满, 债权未实现;

（二）抵押人被宣告破产或者被撤销;

（三）当事人约定的实现抵押权的情形;

（四）严重影响债权实现的其他情形.

第一百九十七条　债务人不履行到期债务或者发生当事人约定的实现抵押权的情形, 致使抵押财产被人民法院依法扣押的, 自扣押之日起抵押权人有权收取该抵押财产的天然孳息或者法定孳息, 但抵押权人未通知应当清偿法定孳息的义务人的除外.

前款规定的孳息应当先充抵收取孳息的费用.

第一百九十八条　抵押财产折价或者拍卖, 变卖后, 其价款超过债权数额的部分归抵押人所有, 不足部分由债务人清偿.

第一百九十九条　同一财产向两个以上债权人抵押的, 拍卖, 变卖抵押财产所得的价款依照下列规定清偿:

（一）抵押权已登记的, 按照登记的先后顺序清偿; 顺序相同的, 按照债权比例清偿;

（二）抵押权已登记的先于未登记的受偿;

（三）抵押权未登记的, 按照债权比例清偿.

第二百条　建设用地使用权抵押后, 该土地上新增的建筑物不属于抵押财产. 该建设用地使用权实现抵押权时, 应当将该土地上新增的建筑物与建设用地使用权一并处分, 但新增建筑物所得的价款, 抵押权人无权优先受偿.

第二百零一条　依照本法第一百八十条第一款第三项规定的土地承包经营权抵押的, 或者依照本法第一百八十三条规定以乡镇, 村企业的厂房等建筑物占用范围内的建设用地使用权一并抵押的, 实现抵押权后, 未经法定程序, 不得改变土地所有权的性质和土地用途.

第二百零二条　抵押权人应当在主债权诉讼时效期间行使抵押权; 未行使的, 人民法院不予保护.

## 第二节 最高额抵押权

第二百零三条　为担保债务的履行, 债务人或者第三人对一定期间内将要连续发生的债权提供担保财产的, 债务人不履行到期债务或者发生当事人约定的实现抵押权的情形, 抵押权人有权在最高债权额限度内就该担保财产优先受偿.

最高额抵押权设立前已经存在的债权, 经当事人同意, 可以转入最高额抵押担保的债权范围.

第二百零四条　最高额抵押担保的债权确定前, 部分债权转让的, 最高额抵押权不得转让, 但当事人另有约定的除外.

第二百零五条　最高额抵押担保的债权确定前, 抵押权人与抵押人可以通过协议变更债权确定的期间, 债权范围以及最高债权额, 但变更的内容不得对其他抵押权人产生不利影响.

第二百零六条　有下列情形之一的, 抵押权人的债权确定:

(一) 约定的债权确定期间届满;

(二) 没有约定债权确定期间或者约定不明确, 抵押权人或者抵押人自最高额抵押权设立之日起满二年后请求确定债权；

（三）新的债权不可能发生；

（四）抵押财产被查封，扣押；

（五）债务人，抵押人被宣告破产或者被撤销；

（六）法律规定债权确定的其他情形.

第二百零七条　最高额抵押权除适用本节规定外，适用本章第一节一般抵押权的规定.

## 第十七章 质　权

### 第一节 动产质权

第二百零八条　为担保债务的履行，债务人或者第三人将其动产出质给债权人占有的，债务人不履行到期债务或者发生当事人约定的实现质权的情形，债权人有权就该动产优先受偿.

前款规定的债务人或者第三人为出质人，债权人为质权人，交付的动产为质押财产.

第二百零九条　法律，行政法规禁止转让的动产不得出质.

第二百一十条　设立质权，当事人应当采取书面形式订立质权合同.

质权合同一般包括下列条款：

（一）被担保债权的种类和数额；

（二）债务人履行债务的期限；

（三）质押财产的名称，数量，质量，状况；

（四）担保的范围；

（五）质押财产交付的时间.

第二百一十一条　质权人在债务履行期届满前, 不得与出质人约定债务人不履行到期债务时质押财产归债权人所有.

第二百一十二条　质权自出质人交付质押财产时设立.

第二百一十三条　质权人有权收取质押财产的孳息, 但合同另有约定的除外.

前款规定的孳息应当先充抵收取孳息的费用.

第二百一十四条　质权人在质权存续期间, 未经出质人同意, 擅自使用, 处分质押财产, 给出质人造成损害的, 应当承担赔偿责任.

第二百一十五条　质权人负有妥善保管质押财产的义务；因保管不善致使质押财产毁损, 灭失的, 应当承担赔偿责任.

质权人的行为可能使质押财产毁损, 灭失的, 出质人可以要求质权人将质押财产提存, 或者要求提前清偿债务并返还质押财产.

第二百一十六条　因不能归责于质权人的事由可能使质押财产毁损或者价值明显减少, 足以危害质权人权利的, 质权人有权要求出质人提供相应的担保；出质人不提供的, 质权人可以拍卖, 变卖质押财产, 并与出质人通过协议将拍卖, 变卖所得的价款提前清偿债务或者提存.

第二百一十七条　质权人在质权存续期间, 未经出质人同意转质, 造成质押财产毁损, 灭失的, 应当向出质人承担赔偿责任.

第二百一十八条　质权人可以放弃质权. 债务人以自己的财产出质, 质权人放弃该质权的, 其他担保人在质权人丧失优先受偿权益的范围内免除担保责任, 但其他担保人承诺仍然提供担保的除外.

第二百一十九条 债务人履行债务或者出质人提前清偿所担保的债权的，质权人应当返还质押财产.

债务人不履行到期债务或者发生当事人约定的实现质权的情形，质权人可以与出质人协议以质押财产折价，也可以就拍卖，变卖质押财产所得的价款优先受偿.

质押财产折价或者变卖的，应当参照市场价格.

第二百二十条 出质人可以请求质权人在债务履行期届满后及时行使质权；质权人不行使的，出质人可以请求人民法院拍卖，变卖质押财产.

出质人请求质权人及时行使质权，因质权人怠于行使权利造成损害的，由质权人承担赔偿责任.

第二百二十一条 质押财产折价或者拍卖，变卖后，其价款超过债权数额的部分归出质人所有，不足部分由债务人清偿.

第二百二十二条 出质人与质权人可以协议设立最高额质权.

最高额质权除适用本节有关规定外，参照本法第十六章第二节最高额抵押权的规定.

## 第二节 权利质权

第二百二十三条 债务人或者第三人有权处分的下列权利可以出质：

（一）汇票，支票，本票；

（二）债券，存款单；

（三）仓单，提单；

（四）可以转让的基金份额，股权；

（五）可以转让的注册商标专用权，专利权，著作权等知识产权中的财产权；

（六）应收账款；

（七）法律, 行政法规规定可以出质的其他财产权利.

第二百二十四条　以汇票, 支票, 本票, 债券, 存款单, 仓单, 提单出质的, 当事人应当订立书面合同. 质权自权利凭证交付质权人时设立；没有权利凭证的, 质权自有关部门办理出质登记时设立.

第二百二十五条　汇票, 支票, 本票, 债券, 存款单, 仓单, 提单的兑现日期或者提货日期先于主债权到期的, 质权人可以兑现或者提货, 并与出质人协议将兑现的价款或者提取的货物提前清偿债务或者提存.

第二百二十六条　以基金份额, 股权出质的, 当事人应当订立书面合同. 以基金份额, 证券登记结算机构登记的股权出质的, 质权自证券登记结算机构办理出质登记时设立；以其他股权出质的, 质权自工商行政管理部门办理出质登记时设立.

基金份额, 股权出质后, 不得转让, 但经出质人与质权人协商同意的除外. 出质人转让基金份额, 股权所得的价款, 应当向质权人提前清偿债务或者提存.

第二百二十七条　以注册商标专用权, 专利权, 著作权等知识产权中的财产权出质的, 当事人应当订立书面合同. 质权自有关主管部门办理出质登记时设立.

知识产权中的财产权出质后, 出质人不得转让或者许可他人使用, 但经出质人与质权人协商同意的除外. 出质人转让或者许可他人使用出质的知识产权中的财产权所得的价款, 应当向质权人提前清偿债务或者提存.

第二百二十八条　以应收账款出质的, 当事人应当订立书面合同. 质权自信贷征信机构办理出质登记时设立.

应收账款出质后, 不得转让, 但经出质人与质权人协商同意的除外. 出质人转让应收账款所得的价款, 应当向质权人提前清偿债务或者提存.

第二百二十九条　权利质权除适用本节规定外, 适用本章第一节动产质权的规定.

## 第十八章 留置权

第二百三十条　债务人不履行到期债务, 债权人可以留置已经合法占有的债务人的动产, 并有权就该动产优先受偿.

前款规定的债权人为留置权人, 占有的动产为留置财产.

第二百三十一条　债权人留置的动产, 应当与债权属于同一法律关系, 但企业之间留置的除外.

第二百三十二条　法律规定或者当事人约定不得留置的动产, 不得留置.

第二百三十三条　留置财产为可分物的, 留置财产的价值应当相当于债务的金额.

第二百三十四条　留置权人负有妥善保管留置财产的义务; 因保管不善致使留置财产毁损, 灭失的, 应当承担赔偿责任.

第二百三十五条　留置权人有权收取留置财产的孳息.

前款规定的孳息应当先充抵收取孳息的费用.

第二百三十六条　留置权人与债务人应当约定留置财产后的债务履行期间; 没有约定或者约定不明确的, 留置权人应当给债务人两个月以上履行债务的期间, 但鲜活易腐等不易保管的动产除外. 债务人逾期未履行的, 留置权人可以与债务人协议以留置财产折价, 也可以就拍卖, 变卖留置财产所得的价款优先受偿.

留置财产折价或者变卖的, 应当参照市场价格.

第二百三十七条 债务人可以请求留置权人在债务履行期届满后行使留置权; 留置权人不行使的, 债务人可以请求人民法院拍卖, 变卖留置财产.

第二百三十八条 留置财产折价或者拍卖, 变卖后, 其价款超过债权数额的部分归债务人所有, 不足部分由债务人清偿.

第二百三十九条 同一动产上已设立抵押权或者质权, 该动产又被留置的, 留置权人优先受偿.

第二百四十条 留置权人对留置财产丧失占有或者留置权人接受债务人另行提供担保的, 留置权消灭.

# 第五编 占 有

## 第十九章 占 有

第二百四十一条 基于合同关系等产生的占有, 有关不动产或者动产的使用, 收益, 违约责任等, 按照合同约定; 合同没有约定或者约定不明确的, 依照有关法律规定.

第二百四十二条 占有人因使用占有的不动产或者动产, 致使该不动产或者动产受到损害的, 恶意占有人应当承担赔偿责任.

第二百四十三条 不动产或者动产被占有人占有的, 权利人可以请求返还原物及其孳息, 但应当支付善意占有人因维护该不动产或者动产支出的必要费用.

第二百四十四条　占有的不动产或者动产毁损, 灭失, 该不动产或者动产的权利人请求赔偿的, 占有人应当将因毁损, 灭失取得的保险金, 赔偿金或者补偿金等返还给权利人；权利人的损害未得到足够弥补的, 恶意占有人还应当赔偿损失.

第二百四十五条　占有的不动产或者动产被侵占的, 占有人有权请求返还原物；对妨害占有的行为, 占有人有权请求排除妨害或者消除危险；因侵占或者妨害造成损害的, 占有人有权请求损害赔偿.

占有人返还原物的请求权, 自侵占发生之日起一年内未行使的, 该请求权消灭.

## 附　则

第二百四十六条　法律, 行政法规对不动产统一登记的范围, 登记机构和登记办法作出规定前, 地方性法规可以依照本法有关规定作出规定.

第二百四十七条　本法自2007年10月1日起施行.

# 찾아보기